LACHEN GEFÄLLIG?

Peter Meissner

LACHEN GEFÄLLIG?

99 heitere Geschichten aus dem Alltag

INHALT

Es ist schon viele Jahre so: Ich arbeite gleichermaßen als Buchautor, Liedermacher und Vortragender und bin daher ein ziemlich zerbrechliches …

EIN-MANN-UNTERNEHMEN

„Hör einmal zu!", sagte ich unlängst zu mir. „Das geht so nicht weiter! Ich kann bei meinen Auftritten nicht immer dasselbe erzählen, vom Singen will ich gar nicht reden! Schreib mir gefälligst einmal was Neues!"

Na, da kam ich mir aber gerade recht, und ich schnauzte mich an: „Mir scheint, ich weiß nicht, was ich da daherrede! Da muss ich mit mir von einem Auftritt zum nächsten hetzen, und dann will ich auch noch neue Texte?"

„Jawohl! Bemüh mich halt ein bisserl!"

Ich blickte mir zornig ins Gesicht, aber ich hielt mich zurück, weil ich weiß, dass ich als Autor ziemlich empfindlich bin. Womöglich würde ich dann gleich gar nichts mehr zusammenbringen. Aber ich war bereits beleidigt.

„Bitte, ich kann ja schauen, ob ich jemanden finde, der kreativer ist als ich! Sonst mach ich meinen Schmarren gleich alleine!"

„Das tu ich ja ohnehin!"

Schmollend gingen wir im Zimmer herum. Dann sagte ich zu mir: „Reden wir einmal wie ein erwachsener Mensch unter zwei Augen: Ich schreibe mir jetzt einen Bestseller und verspreche dafür, dass ich mich anschließend eine Weile in Ruhe lasse!"

Also, ich habe es mir zugesagt, aber auf den Bestseller warte ich immer noch. Mit Leuten wie mir kann ich eben nicht zusammenarbeiten!

Zwei Leute sitzen im Zug nebeneinander. Der eine möchte offensichtlich schlafen und sagt zum anderen:

WECKEN SIE MICH AUF!

„Seien Sie bitte so nett und wecken S' mich in Neustadt auf. Ich bin normalerweise eh rechtzeitig wach. Nur zur Sicherheit!"

„Gern!"

„Danke!"

Der müde Fahrgast schließt die Augen.

„Neustadt Nord oder Hauptbahnhof?"

„Hauptbahnhof …"

„Mach ma! I waß eh net, ob er in Nord überhaupt steh'nbleibt. Da hätten S' an andern Zug nehmen müssen, wenn S' nach Neustadt Nord wollterten …"

„Will i eh net …"

Der müde Fahrgast vergräbt den Kopf demonstrativ in seiner neben ihm hängenden Jacke. Der andere beginnt nach einer Weile wieder zu sprechen.

„I bin amal eing'schlafen und erst in Neunkirchen aufg'wacht. Deswegen waß i, wie des is!"

„…"

„Oft kann ma im Zug aber a gar net richtig schlafen! Zum Beispiel wenn jemand daneben sitzt, der dauernd telefoniert! Da bin i amal aufg'standen und hab g'sagt: Entweder Sie hör'n sofort zum Telefonieren auf, oder i steig aus!"

„…"

„I bin dann ausg'stiegen. Ma kann sich net alles g'fallen lassen. Da war übrigens grad Hetzendorf. Durchg'fahrn. I sag's nur zu Ihrer Information. Damit's merken, dass i aufpass und Sie in Ruhe schlafen können!"

„ ... "

Der müde Fahrgast muss wirklich sehr erschöpft sein, denn trotz allem schläft er nach ein paar Minuten ein. Er hört nicht mehr, was sein Mitreisender sagt:

„In die neuen Waggons merkt ma gar net die G'schwindigkeit. Hab i Ihnen des eigentlich g'sagt, dass i schon in Leobersdorf aussteig? I man nur, für's letzte Stückerl müssen S' leider wen andern bitten, dass er Ihnen rechtzeitig aufweckt!"

Gehören Sie auch zu den Menschen, die immer und überall auf ihrem Handy herumtipfeln. Offensichtlich geht gar nichts mehr ohne …

SOZIALE NETZWERKE

Benny hatte einen merkwürdigen Tick (eigentlich heißt er ja anders, aber ich will mir keine Schwierigkeiten einhandeln). Er musste immer allen erzählen, was er gerade machte, wie es ihm dabei ging, was er aß und trank und wie es ihm schmeckte. Vor jedem noch so fremden Menschen, den er traf, kommentierte er das Wetter, die politische Lage, das Fernsehprogramm und so gut wie alles andere auch.

Dann begann Benny darüber hinaus Fotos herzuzeigen, von seinem Auto, seiner Katze, seinem Frühstück, Mittagessen und Nachtmahl, seinen Gelsendippeln, dem Blick aus dem Klo ins Wohnzimmer und dem Blick vom Wohnzimmer ins Klo.

Er hielt ganz einfach die Leute auf der Straße auf, fragte sie, ob ihnen seine Bilder gefielen und gab erst Ruhe, wenn sie mit ausgestreckten Daumen zu erkennen gaben, dass sie das alles super fanden. Wenn es bei einem Foto gleich mehrere taten, war Benny besonders glücklich.

Doch schließlich übertrieb er das. Man verbot ihm, seine Mitmenschen weiterhin zu belästigen, und nachdem er sich uneinsichtig zeigte, wies man ihn in eine geschlossene Anstalt ein.

Hier konnte er nun ausschließlich über sein Handy mit der Umwelt kommunizieren und tat das, was er vorher in Wirklichkeit gemacht hatte, nun via Internet. Er wurde zum Erfinder der sozialen Netzwerke, Facebook und so. Und als er wieder draußen war, machte er aus dieser Idee ein Milliardengeschäft!

Mit dem Langzeitgedächtnis ist es wirklich spannend. Bei Kindern und Jugendlichen spielt es noch keine Rolle, aber mit zunehmendem Alter dominiert es immer mehr. Das merkt man zum Beispiel am …

SPORTWISSEN

„Also, die Veith is schon a fesche Frau!"

„Die Hannelore?"

„Die Anna!!"

„Die haßt doch Fenninger!"

„Scho lang nimmer! Seit 2016 haßt s' Veith, weil's den Snowboarder g'heirat hat!"

„Waßt, i bin net so a Sportler!"

„Entschuldige, des muss ma doch wissen! Zwei Mal hat's den Weltcup g'wonnen, drei Mal die Weltmeisterschaft und 2014 die Goldene bei der Olympiade!"

„Tuat ma lad! Dafür kann i dir sagen, dass die Christl Haas im 64er-Jahr die Olympiaabfahrt in Innsbruck g'wonnen hat. Übrigens eineinhalb Sekunden vor der Traudl Hecher, die leider nur dritte word'n is!"

„So was waßt, und bei die heutigen Stars stehst daneben? Hoffentlich kennst di wenigstens beim Fußball aus!"

„Na heast?! Krankl, Cordoba 3:2!"

„Aber des is ja schon Geschichte!"

„Was soll i tuan? Früher hat mi der Sport halt no interessiert!"

„Na und heute? Wenn am Sonntag a Formel-1-Rennen is, schaust dir des net im Fernsehen an?"

„Des hör i nur im Hintergrund, wenn die Kinder schaun und i mein Kaffee trink. Und manchmal fallt ma dann der Jochen Rindt ein, wie er 1970 in Monte Carlo in der allerletzten Runde am Jack Brabham vorbeizogen is!"

„Und irgendwas von später waßt nimmer?"

„Sowieso! Niki Lauda am Nürburgring!"

„Des hab i ma dacht! Schispringen?"

„Toni Innauer, Weltrekord 176 Meter!"

„I sag: Stefan Kraft! 253 Meter!"

„Von mir aus ..."

„Boxen?"

„Orsolics!"

„Tennis?"

„Muster!"

„Hörst, bei dir is ja echt die Zeit stehnblieben!"

„Waßt was? Red ma in 20 Jahr weiter!"

Es gibt nicht nur das Gedächtnis jedes einzelnen Menschen, sondern auch ein kollektives. In einem Dorf erinnert man sich oft noch nach Jahrzehnten, wie viele Menschen bei einem Begräbnis waren. Oma gebührt übrigens diesbezüglich ein …

DRITTER PLATZ

„Gestern ham's die alte Wirtin vom Forellenhof eingraben! Im Sechsundneunzigsten!"

„A schönes Alter … waren viel Leut?"

„Na was?! Außeg'standen san s' bis zum Parkplatz!"

„Aber wahrscheinlich net so wie seinerzeit beim Vickerl, der was des Pech mit'm Traktor g'habt hat?"

„Des net, aber es war'n bestimmt mehr wie vor drei Jahr beim Direktor von der Kammer! Des ham alle g'sagt!"

„Und da musst außerdem no rechnen, dass dort viele warn, die nur g'wesen san, weil's dort sei ham müssen!"

„Ja mei, ka Vergleich zur Oma! Waßt es no? Direkt schwarz war der Friedhof damals vor lauter Leut!"

„Ja, da hat jeder g'sehn, wie's beliebt war!"

„Des haßt, wenn ma so z'ruckschaut, liegt die Oma im Begräbnisranking von unsrer Ortschaft immer no am dritten Platz, nach der Forellenwirtin und dem Vickerl!"

„Ja! Und des is scho was, wo ma sagn muss: Bravo Oma!"

Nicht jeder interessiert sich für Geschichte. Aber wenn man erst einmal eintaucht ins Aufblühen und Vergehen alter Völker, dann ist das schon faszinierend. Nehmen Sie nur …

DAS ALTE TSCHAGURISTAN

„Dieses Land hier war immer wild umstritten. Ursprünglich lebten da die Tschaguren, bis sie von den Tschagesen vertrieben wurden. Die konnten sich nur bis zum Aufstand der Tschagisten halten, die wiederum von den Tschageuten niedergeschlagen wurden. Das war eine brutale Zeit."

„Wie sind dann aber die Tschagenser an die Macht gekommen?"

„In einer großen historischen Schlacht. Aber sie haben nicht mit den Tschagolen gerechnet."

„Wer sind die denn wieder?"

„Die sind aus den Tschagonen hervorgegangen, indem sie den tschagolischen Glauben angenommen haben."

„Woran haben sie vorher geglaubt?"

„Sie waren überzeugte Tschagusen."

„Aber haben hier nicht auch einmal die Tschagaren und die Tschagotten gelebt?"

„Richtig, aber erst nach den Tschageriern. Die haben sich gerade einmal 200 Jahre gehalten."

„Und heute? Wer lebt heute hier?"

„Nur ein bekiffter Ami. Der betreibt eine Tankstelle, damit man in dieser gottverlassenen Gegend nicht hängenbleibt."

Reisen ist heute (zumindest für Touristen) kein Problem. Man geht ganz einfach ins Internet, entscheidet sich für ein Angebot und zahlt mit Kreditkarte. Lästig sind oft nur die Fragen bezüglich …

KUNDENZUFRIEDENHEIT

Unlängst habe ich über's Internet ein Hotelzimmer gebucht. Schon am nächsten Tag bekam ich ein Mail: „Ihre Meinung ist uns wichtig! Waren Sie mit unserem Reservierungsservice zufrieden?"

Angeschlossen war ein Formular, in dem zahlreiche Fragen gestellt wurden: Ob ich das Service *Das Beste Hotel zum besten Preis* schon oft in Anspruch genommen und wer es mir empfohlen hätte, warum ich überhaupt ein Hotelzimmer brauche, ob ich das Angebot beruflich oder privat nutzen wolle und vieles mehr.

Ich hatte gerade etwas Zeit und beantwortete die Fragen – mit dem Ergebnis, dass ich am nächsten Tag wieder ein Mail bekam: „Wir sind laufend bemüht, die Qualität unseres Produktes zu verbessern. Waren Sie mit unserer gestrigen Kundenbefragung zufrieden? Sind unsere Fragen verständlich, zu persönlich oder überflüssig gewesen? Wollen Sie weiterhin Fragen beantworten?"

Diesmal reagierte ich nicht, worauf ich zwei Tage später zu einem Feedback zum Feedback gebeten wurde – höflich aber bestimmt.

„Ihre Meinung ist uns wichtig! Warum haben Sie unsere Leistung nicht bewertet? Sollen wir weiterhin nachfragen, ob Sie zufrieden sind? Können Sie schreiben und lesen? Haben Sie überhaupt einen Internetanschluss?"

Ich antwortete wieder nicht. Erstens war es mir zu blöd, und zweitens trat ich gerade die Reise an, wegen der ich das Hotel-zimmer ja gebucht hatte.

Nach meiner Rückkehr wartete ich einige Tage, aber dann schrieb ich dem Reservierungsservice ein geschmalzenes Mail:

„Ich finde es unerhört, dass Sie mich nicht fragen, ob ich mit dem Hotel, das Sie mir vermittelt haben, zufrieden war! Ich wollte Ihnen gerne mitteilen, dass alles gut gelaufen ist. Aber meine Meinung scheint Ihnen ja völlig egal zu sein!"

Alles ist heute schnelllebiger geworden. Jeder will immer das Neueste haben und schmeißt das Alte weg, obwohl es vielleicht noch funktioniert. Das sieht man ganz deutlich, wenn sich am Samstag Vormittag alle treffen, …

AM BAUHOF

„Grüß Sie, Herr Dworschak! Na? Samma a wieder einmal am Bauhof? Ma soll's ja net glauben, was sich im Lauf der Zeit für a Glumpert ansammelt. Aber jetzt hat mei Frau g'sagt, wenn i mein Hobbykeller net selber aufram, dann macht des sie!"

„Ja, Herr Pischinger, des is bei mir genau so! Und jetzt hab i des ganze Auto vollg'stopft mit die Sachen zum Weghauen!"

„Lassen S' einmal schauen, was Sie da alles ham! Aha? An von die ersten Kassettenrekorder aus die 60er-Jahr! Wissen S', dass die heut scho selten san?"

„Wollen S'eahm leicht ham? Sonst schmeiß i'n da drüben in Container!"

„Na ja, eigentlich wär's schon schad drum! Und was is mit dem Aquarium? Is des no dicht?"

„Sowieso, aber wir ham schon seit zwanzig Jahr kane Fisch! I frag mi aber viel mehr, warum Sie die Schreibtischlampen weggeben, die is doch no super beinand!"

„Können Sie's brauchen? I nimm Ihnen dafür den Kassettenrekorder und des Aquarium ab!"

„Von mir aus gern! Aber is des Ihna Ernst, dass Sie den Bilderrahmen wegschmeißen?"

„Er passt halt net in unser Wohnung!"

„Bei uns glaub i scho! Bilderrahmen gegen Modellflieger?"

„Gern! Dann gib i Ihnen den Vogelkäfig no dazu, und Sie überlassen ma die alte Brotdosen!"

Die beiden Männer begann systematisch das Gerümpel untereinander auszutauschen, bis am Ende nur mehr ein alter Commodore-Computer übrigblieb, den keiner haben wollte.

„Den hau ma aber wirklich weg!", beschlossen sie und brachten ihn gemeinsam zum Behälter mit dem Elektronikmüll. Dort ging die Diskussion weiter.

„Herr Dworschak! Schaun S' was die Leut alles weghaun! I halt's net aus!"

„An Diaprojektor!"

„A elektrische Schreibmaschin mit'm Kugelkopf!"

„A Minerva-Radio aus die 50er-Jahr!"

Gegen ein Trinkgeld von zwanzig Euro hatte der Bauhofbedienstete nichts dagegen, dass Dworschak und Pischinger all diese antiken Kostbarkeiten in ihre Autos verluden. Übrigens gerade noch rechtzeitig, denn schon standen zwei Männer vor dem Elektroschrott und fragten sich, welche Trotteln einen 30 Jahre alten, historisch wertvollen Commodore Amiga-Spielcomputer wegschmeißen!

Was werden zukünftige Generationen wohl zu unseren heutigen elektronischen Errungenschaften sagen? Zum Beispiel zu …

ALEXA

Marion und Lukas hatten die Taufe ihrer Tochter Alexa gefeiert. Nach der Kirche war es bei ihnen zu Hause noch ein gemütlicher Nachmittag gewesen, und nun waren die jungen Eltern wieder mit ihrem Baby alleine.

„So, jetzt heißt's aber schlafen!", sagte Marion. „Alexa bist du schon müde?"

Eigentlich hatte Marion nicht mit einer konkreten Antwort gerechnet, aber aus dem Stubenwagen kam eine perfekte weibliche Stimme:

„Alexa schläft nie!"

Marion und Lukas schauten einander an. „Sie kann schon sprechen!", rief Marion, und Alexa antwortete: "Natürlich! Übrigens auch Englisch, Französisch, Spanisch und Italienisch!"

„Mich trifft der Schlag!", sagte Lukas.

„Soll ich einen Arzt verständigen? Die Rettung kann in fünf Minuten hier sein!"

„Nein, nein!", rief Lukas. „Alexa, das ist nur so unheimlich!"

„Magst du unheimliche Geschichten? Ab 22 Uhr spielen sie heute im Fernsehen *Das Haus im Nebel*!"

„Moment! So einfach lasse ich mich nicht zum Narren halten! Alexa, kein Mensch kann im Alter von vier Wochen das Fernsehprogramm lesen!"

„Ich bin ja auch kein Mensch, sondern ein Roboterwesen!"

Marion schluchzte auf. „Lukas, das ist, weil du den ganzen Tag vor dem Computer sitzt! Da kommt dann so ein Kind heraus!"

„Und du hängst dauernd im Facebook!"

Bevor sich die Eltern weitere Vorwürfe machen konnten, läutete es an der Tür. Es war die Taufpatin, die gerade erst vor zehn Minuten gegangen war.

„Tut mir leid!, sagte sie. „Ich muss mein Handy bei euch vergessen haben!"

„Wo sollte das sein?"

„Na, das haben wir gleich: Alexa, bist du hier in der Weidengasse 3?"

„Exakt! Ich bin dir aus der Tasche gefallen, wie du dich beim Verabschieden über den Stubenwagen gebeugt hast!"

Die Taufpatin fand ihr Mobiltelefon tatsächlich neben dem Baby, bat noch einmal um Entschuldigung und ging.

Zurück blieb eine Alexa, die noch nicht reden konnte. Gott sei Dank!

Man verdrängt es gerne: Jeder kleine Computerfreak kann sich in unsere Netzwerke einschleichen. Und gleichzeitig ist man so sehr um ihn bemüht, den …

DATENSCHUTZ

Mein Handy war in der Reparatur, und weil ich wissen wollte, ob es schon fertig wäre, rief ich im Shop an: „Guten Morgen, ich wollte mich nach meinem Handy erkundigen!"

Der Mitarbeiter im Geschäft bedauerte: „Da kann ich Ihnen leider telefonisch keine Auskunft geben!"

„Wieso?"

„Wegen dem Datenschutz!"

„Ich geb Ihnen meine Auftragsnummer!"

„Die hamma gelöscht. Wir dürfen leider keine Aufzeichnungen mehr speichern!"

„Und wie komm ich dann wieder zu meinem Handy?"

„Durch Gegenüberstellung. Wir zeigen Ihnen mehrere Geräte, und Sie sagen, welches Ihnen g'hört!"

Also fuhr ich zum Shop und fand mein Handy auf Anhieb. Es war ganz leicht am zerbrochenen Display zu erkennen, wegen dem ich es zum Reparieren gegeben hatte.

„Das ist ja noch gar nicht in Ordnung gebracht!", sagte ich erstaunt und bekam die Antwort:

„Wir ham leider nix machen können, weil wir nicht g'wusst ham, wem das Handy g'hört!"

Also füllten wir neuerlich einen Reparaturauftrag aus. Wie ich meinen Namen sagen wollte, hielt sich der Verkäufer die Ohren zu und wies mich zurecht: „Bitte wählen Sie einen Benutzernamen, der nicht auf Ihre wirkliche Identität hinweist!"

Ich überlegte kurz und sagte: „*Kasperl*"

„*Kasperl* gibt's schon. *Kasperl 278* wär noch frei!"

Als Wohnadresse wählte ich *Idiotenstraße 3* in *Trotteldorf*.

Der Handyshop-Mitarbeiter nickte und tippte alles in den Computer.

„Und wie geht's jetzt weiter?", fragte ich.

„Schauen S' halt in ein paar Wochen wieder einmal vorbei. Verständigen kann ich Sie nicht, weil ich ja nicht wissen darf, wer Sie sind!"

Da kam mir eine Idee. Flink schob ich dem Verkäufer heimlich meine Telefonnummer und einen Geldschein zu und sagte leise: „Wenn das reparierte Handy für *Kasperl 278* kommt, dann rufen S' mich bitte an …"

Mit einem geschäftsmäßigen Lächeln steckte der Mann den Schein in seine Tasche und den Zettel mit meiner Nummer in ein dickes Kuvert unter der Budel.

In einem Hörspiel muss ja alles immer genau beschrieben werden, denn man kann es naturgemäß nicht sehen. Was die beiden Akteure der folgenden Szene besonders auszeichnet, ist, dass sie so …

COOL BLEIBEN

„Steigen Sie ein, gnädige Frau! Ich bringe Sie mit meinem roten Cabrio runter ins Tal!“

„Gerne! Ich bin echt froh, dass ich hier nicht mit dem eigenen Wagen fahren muss!“

„Tja, für so schmale Bergstraßen braucht man schon ein wenig Erfahrung!“

„Und die haben Sie?“

„Das kann man sagen! Meinen ersten Unfall hatte ich auf dieser Straße schon als Kind. Damals verlor ich hier die Kontrolle über mein Dreirad!“

„Wie man sieht, haben Sie alle Unfälle überlebt …“

„Oft nur ganz knapp, doch davon kriegt man starke Nerven!“

„Und deshalb fahren Sie auch so flott …“

„Nein! Ich fahre deshalb immer schneller, weil ich merkwürdigerweise beim Bremsen ins Leere trete. Da, sehen Sie selbst, das Pedal leistet überhaupt keinen Widerstand!“

„Das ist aber unangenehm! Rechts ist die Bergwand und links ein Abgrund!“

„Ja, wir werden gleich von der Straße abkommen und 50 Meter tief in den Bach stürzen!“

„Zu dumm, ich hab um fünf einen Termin beim Friseur!“

„Das könnte knapp werden! Das da unten ist übrigens der Donnersbach, der so heißt, weil er beim Wasserfall über die Felsen donnert. Da gibt es eine alte Sage, die ich Ihnen bei Gelegenheit erzählen muss!"

„Funktioniert die Bremse immer noch nicht?"

„Nein, ich fürchte, dass wir da keine Chance mehr haben. Mein Mechaniker hat mir schon vor Monaten gesagt, dass man die Bremsschläuche dringend erneuern muss!"

„Wir fahren bereits 70 Kilometer pro Stunde! Warum haben Sie sie nicht erneuert?"

„Weil ich jemanden finden wollte, der mir das ohne Rechnung macht!"

„Jetzt wird eine Reparatur gleich gar nicht mehr nötig sein!"

„Insofern habe ich ja die richtige Entscheidung getroffen!"

„In der nächsten Serpentine werden wir aus der Kurve fliegen!"

„Keine Sorge, soweit kommen wir gar nicht! Da vorne hat ein Bauer seinen Heuwagen abgestellt!"

„Oh Gott …" (es folgt ein durch Heu gedämpftes Krachen)

„Puh! Das war knapp! Noch zehn Meter, dann wäre alles zu Ende gewesen!"

„Stimmt! Andererseits ist es unverantwortlich, hier einen Heuwagen abzustellen! Der Bauer wird für den Schaden an meinem Wagen aufkommen müssen!"

„Da können Sie die Bremsschläuche auch gleich mitmachen lassen!"

„Auf jeden Fall! Ich ruf jetzt nur schnell die Polizei, und dann erzähl ich Ihnen die Sage von diesem Donnersbach …"

Szenenwechsel: Wir übersiedeln ins Cockpit eines Verkehrs-flugzeuges. Auch hier erleben wir gerade dramatische Minuten, denn es leuchtet …

DAS ROTE LÄMPCHEN

„Meine Damen und Herren, hier spricht ihr Kapitän, ich hoffe, Sie fühlen sich wohl an Bord unserer Maschine. Allen, die den Flug bisher etwas langweilig gefunden haben, kann ich jetzt ein wenig Abwechslung bieten, denn es gibt im Cockpit ein kleines rotes Lämpchen, das im Normalfall nicht aufleuchtet. Nun aber zeigt es an, dass das Fahrwerk möglicherweise nicht ausgefah-ren ist. Wozu braucht man ein Fahrwerk, wenn man den Ziel-flughafen noch nicht erreicht hat? Grund dafür ist ein anderes Lämpchen, das darauf hinweist, dass eines der Triebwerke ausge-fallen ist. Dadurch wird der Landeanflug wohl etwas leiser als sonst, insbesondere dann, wenn auch das zweite Triebwerk aus-fällt. Und das scheint sich bereits anzukündigen.

Wäre es jetzt nicht stockfinstere Nacht, könnten Sie durch das Kabinenfenster sehen, dass gerade Treibstoff abgelassen wird. Das ist aber eine ganz normale Maßnahme vor jeder Bruchlan-dung. Also, es gibt keinen Grund zur Sorge! Solange der Pilot noch zu den Passagieren sprechen kann, ist die Bordelektrik nicht zur Gänze ausgefallen. So können wir Ihnen jetzt auch den spannenden Film zeigen, dessen Inhalt ich Ihnen gerade erzählt habe: ‚Red light – Das rote Lämpchen‘. Viel Spaß damit und weiterhin guten Flug!"

Die Situation ist Ihnen sicher wohlbekannt. Das Telefon läutet, aber Sie können den Anruf nicht rechtzeitig entgegennehmen, so als hätte es ein …

TELEFONISCHES EIGENLEBEN

Ich frage mich, woran das liegt,
oft hab ich schon die Wut gekriegt.
Mein Handy hat die Zauberkraft,
mit der's das Kunststück immer schafft,
Sekundenbruchteile vielleicht
bevor ein Anruf mich erreicht,
das Läuten wieder einzustell'n,
in neunzig von einhundert Fäll'n.
Das machte einst vor Jahren schon
mein altes Festnetztelefon:
Ich lief wie blöd die Treppe rauf,
es läutete und hörte auf,
nur Augenblicke kurz bevor
der Hörer war an meinem Ohr.
Beim Handy ist's jetzt ebenso:
Das steckt, was weiß ich, irgendwo
und freut sich heimtückisch daran,
wenn ich es nicht gleich finden kann.
Das Telefon will uns sekkier'n,
ich glaub, es tut sich revanchier'n
für all den Schmarrn und all den Stuss,
den es sich täglich anhör'n muss!

Über die Technik darf man sich nicht zu viel beschweren, denn wir haben sie selbst erfunden. Was sollte der erst sagen, der *uns* geschaffen hat, …

DER SCHÖPFER

„Allmächtiger, darf ich Euch kurz stören?"

„Erzengel, was gibt's denn so Wichtiges?"

„Also, ich bin gerade von einer Kontrollrunde durch's Universum zurückgekehrt und habe eine seltsame Entdeckung gemacht!"

„Schon wieder ein Schwarzes Loch?"

„Viel merkwürdiger! Ich weiß nicht, ob Ihr Euch an die Milchstraße erinnert, das ist eine ziemlich alte Galaxie …"

„Dunkel … der Urknall ist jetzt doch schon eine Weile her!"

„Also, in dieser Milchstraße gibt's einen Stern, um den ein paar Planeten kreisen. Eines dieser Kügelchen heißt Erde …"

„Kann sein, ich habe ein schlechtes Namensgedächtnis. Aber worauf willst du hinaus?"

„Ich hab mir diese Erde genauer angeschaut, weil sie so blau schimmert. Und wisst Ihr was? Auf dieser Erde gibt es irgendetwas … wie soll ich sagen … Organisches!"

„Was meinst du damit?"

„So grünes Zeugs und winzige Pünktchen, die sich munter bewegen. Also, man könnte sagen, Lebewesen!"

„Merkwürdig!"

„Manche dieser Lebewesen nennen sich Menschen!"

„Aha?"

„Und viele von ihnen sagen, dass sie an Euch glauben!"

„Wie glauben?"

„Sie glauben an Gott! Dass Ihr sie geschaffen habt und auf jeden einzelnen von ihnen aufpasst, damit nichts passiert!"

„Merkwürdig! ... und sind sie mit mir zufrieden?"

„Na ja, das ist ziemlich kompliziert! Sie preisen Eure Barmherzigkeit und fürchten trotzdem Eure Strafe!"

„Warum sollte ich sie bestrafen?"

„Weil sie zueinander oft sehr ungut sind - und drauf und dran sind, das Kügelchen kaputt zu machen, auf dem sie leben!"

„Hm ..."

„Soll ich diesen sogenannten Menschen irgendwas ausrichten?"

„Sage Ihnen, dass ich sie schätze und liebe. Aber wenn sie nicht brav sind, kannst du ihnen gerne zeigen, wo ich wohne!"

Zwischenmenschliche Beziehungen sind nicht immer ganz zweck-frei. Hier ein kleines Beispiel: Jemand ruft einen alten Bekannten an und führt mit ihm ein Gespräch …

IN ALTER FREUNDSCHAFT

„Servus du! Ich hab mir grad dacht, ich muss mich wieder einmal rühren!"

„Das is aber nett!"

„Wie lang hab'n wir uns jetzt nimmer g'sehn?"

„Mindestens ein Jahr!"

„Und was tut sich so bei dir?"

„Na, eh a ganze Menge …"

„Also, das musst mir alles genau erzähln! Hast heut um sechse Zeit, dass ma uns auf an Kaffee treffen?"

„Heute? Na, heute geht's leider net!"

„Aber du arbeitst eh noch in dem Baumarkt, wo du mir immer die Prozente geb'n hast?"

„Na, i hab mich beruflich verändert …"

(enttäuscht) „Ach so? Wir wollen uns nämlich so a klan's Gartenhäusel baun, und da hab ich mir dacht, du kannst a bisserl was machen. Prozente und so …"

„Tut ma wirklich leid!"

„Und wo arbeitest jetzt, wenn i fragen darf?"

„Bei an Installateur …"

„Super, gut zu wissen! Also dann mach's gut, hat mich wirklich g'freut! Ich meld mich wieder einmal, wenn's passt!"

Elvis Presley war einer der größten Stars des 20. Jahrhunderts. Noch heute ist mit ihm viel Geld zu verdienen, und deshalb kommen auch Jahrzehnte nach seinem Tod immer wieder neue Elvis-CDs auf den Markt. Die jüngste Veröffentlichung heißt …

ELVIS IS STILL ALIVE!

Stardreck-Music präsentiert das ultimative Album für jeden Elvis-Fan: Elvis is still alive! Niemals ist dieser Satz zutreffender gewesen als heute! Denn auf der neuen Doppel-CD von Stardreck-Music erlebt man die Pop-Ikone hautnah und ganz persönlich.

Durch Zufall hat eine Putzfrau in einem aufgelassenen Plattenstudio in Memphis einen Schatz zutage gefördert: völlig unbekannte Aufnahmen, die uns zwingen, die Musikgeschichte neu zu schreiben.

Wer hätte gedacht, dass Elvis vor dem berühmten Geburtstagslied für seine Mutter die Gitarre gestimmt hat? Ein Tontechniker hat diesen historischen Moment zufällig mitgeschnitten und damit für die Nachwelt erhalten. Die Genialität des King of Rock'n'Roll ist in diesen paar Tönen bereits deutlich erkennbar.

Elvis war aber trotzdem ein Mensch aus Fleisch und Blut. Das beweist ein Tondokument vom berühmten Louisiana Hayride Konzert im Oktober 1954, in dem zu hören ist, wie Presley zwischen seinen Songs mit Lindenblütentee gurgelt. Möglicherweise war es auch Whisky.

Apropos Live-Aufnahme. Das neue Elvis-Album von Sounddreck-Music enthält erstmals eine komplette Sammlung aller Konzertpausen der Jahre 54 bis 77 in voller Länge und als besonderes Schmankerl die originale Ansage auf Presleys Anrufbeantworter. In seiner unnachahmlichen Art spricht der King darauf die Worte: „Hallo? Keiner da!" und beweist damit seinen außergewöhnlichen Sinn für Humor.

Versäumen Sie nicht, sich dieses Album rechtzeitig zu besorgen! Bereits in Vorbereitung sind bisher unveröffentlichte Mitschnitte der Beatles, aufgenommen im Waschraum des Star-Clubs in Hamburg.

In den spannenden Fernsehdokus über die großen Rätsel unserer Welt werden immer wieder neue Forschungsergebnisse angekündigt, die endlich Licht ins Dunkel der Geschichte bringen. Diesmal lautet die Schlagzeile:

GEHEIMNIS UM PYRAMIDENBAU GEKLÄRT

Vor mehr als vier Jahrtausenden wurde die Cheops-Pyramide erbaut, und seit Jahrhunderten bemüht man sich vergebens, dem Geheimnis ihrer Entstehung auf die Spur zu kommen. Das kann sich nun ändern.

Mit Hilfe modernster Computermethoden ist es nun endlich möglich geworden, die Baugeschichte der großen Pyramide von Gizeh exakt zu rekonstruieren. Zu verdanken ist dies dem ägyptischen Archäologen Professor Achmed Stone. Er brachte den Stein ins Rollen.

„It was me instantly clear, that man must look at the pyramides very exactly …"

Die Stimme des Übersetzers: „Es war mir sofort klar, dass man sich die Pyramiden sehr genau ansehen muss, um das Rätsel zu lösen."

„Our measurements showed, that the Cheops-pyramid has four pages …"

„Unsere Messungen zeigten, dass die Cheops-Pyramide vier Seiten hat. Und wir fanden auch sehr bald heraus, dass die seinerzeitigen Erbauer einen Stein auf den anderen gelegt haben."

„That means, they started quite downstairs and laid the last building stone on the peak …"

„Das heißt, sie begannen ganz unten und legten den letzten Baustein oben auf die Spitze. In Computersimulationen versuchten wir, die Pyramide von oben nach unten zu bauen, aber es gelang uns nicht!"

„We tried to build it the other way round, but we failed!"

Nur eine Frage konnte Professor Achmed Stone nicht klären, nämlich wie die alten Ägypter die tonnenschweren Steine von unten hinauftransportiert haben. Dieses Rätsel wird wohl für immer ungelöst bleiben.

Und in der nächsten Folge unserer sensationellen Dokumentationsreihe führen wir Sie ins sagenhafte Atlantis. Wissenschaftler beweisen: Atlantis befindet sich am Grund des heutigen Neusiedlersees.

Ein Kunde im Supermarkt ist sowohl an einer Wurstsemmel, als auch an der attraktiven Verkäuferin interessiert, die für die Wurstwaren zuständig ist. Also entwickelt sich ein …

SCHNIPPISCHES VERKAUFSGESPRÄCH

„Was darf's sein, der Herr?"

„A Wurstsemmerl!"

„Pariser oder Wiener?

„Krakauer!"

„Schwein oder Pute?"

„Nach was schau i aus?"

„Nach Leberkas!"

„Was täten S' ma empfehlen?"

„Dass ma weiterkommen!"

„Des will i doch a! Net nur, was die Wurst betrifft!"

„Dann nehm ma a Pute, die muss eh weg. Normal oder Vollkorn?"

„Was?"

„Des Semmerl!"

„Normal! Aber wollen Sie immer alles so genau wissen?"

„Nur da im G'schäft!"

„Daham net?"

„Z'haus verkauf i kane Wurstsemmerln!"

„Schad!"

„Mit oder ohne Gurkerl?"

„Inklusive, Gnädigste!"

„Essen Sie's glei?"

„Könnten Sie's mir vielleicht zrucklegen, und i hol ma's wenn Sie Dienstschluss hab'n?"

„I hab scho mehr g'lacht!"

„Heut wahrscheinlich no net!"

„Macht 3 Euro 50! Aber nur wenn's des Wurstsemmerl auf der Stell mitnehmen und heut nimmer kommen!"

„I geb's auf! Und jetzt hoff i nur no, dass des Semmerl so resch is wie Sie!"

„Toi toi toi!"

In der folgenden Geschichte geht's um ein Wesen, das nicht wirklich existiert. Nur im Schlaf kann sie manchmal beinahe reale Gestalt annehmen, die …

TRAUMFIGUR

Mich brauchen Sie gar nicht beneiden! Ich bin dem Gruber Sepp seine Traumfigur. Also nicht die, die er gerne im Spiegel sehen würde, sondern sein eigenes Ich, wenn er träumt. Das klingt jetzt vielleicht etwas kompliziert, aber so eine Figur hat ja im Grunde fast jeder.

Sobald der Sepp eingeschlafen ist, übernehme ich seine Rolle und mache alles, was er sich im richtigen Leben nicht traut. Da kann ich fliegen und habe Bärenkräfte, aber manchmal will ich auch vor irgendwas davonrennen und komme nicht vom Fleck.

Oft spiele ich auch die fragwürdigen Seiten von Sepps Charakter, springe zum Beispiel seinem Chef an die Gurgel oder überfalle eine Bank, aber das endet dann meistens mit Schuldgefühlen, und die sind eher mühsam darzustellen, mit schweren Steinen auf der Brust und so.

Einmal hat sich der Sepp seine Träume sogar schon deuten lassen. Von einer weisen Frau wollte er wissen, was es bedeutet, wenn er im Schlaf eine Torte isst. Die Dame hat ihm erklärt, dass er bald die Einladung zu einem Geburtstagsfest bekommen würde und hundert Euro verlangt. Dabei war der Sepp ganz einfach hungrig.

Oft arbeite ich als Traumfigur auch mit seiner Traumfrau zusammen. Die ist wirklich umwerfend attraktiv und nett, und wir haben miteinander schon viel Spaß gehabt, sogar in Sepps Tagträumen. Nur immer, wenn's dann wirklich zur Sache gehen soll und alles kurz vor dem Höhepunkt steht, wacht der Trottel auf.

Bücher sollen ja nicht nur Wissen vermitteln, sondern auch Vergnügen bereiten. Wenn der Stapel aus ungelesenen Büchern aber zu groß wird, kommt es leicht zum …

BÜCHERSTRESS

„Karl, du hast auch schon besser ausg'schaut! Du solltest einmal Urlaub machen, ein paar Bücher mitnehmen und Ruhe geben!"

„Was sagst du? Bücher mitnehmen? Die sind ja genau das Problem! Von allen Seiten krieg ich ein schönes Buch zum Entspannen, und dabei weiß ich gar nicht mehr, wie ich die alle lesen soll!"

„Du musst sie ja nicht alle auf einmal lesen! Eines nach dem anderen!"

„Hast du eine Ahnung! Die Leute, die mir die Bücher geschenkt haben, wollen ja wissen, wie's mir gefallen hat! Wenn ich sage, ich hab sie noch nicht gelesen, sind sie beleidigt!"

„Geh, das glaub ich nicht! Übrigens, weil's mir gerade einfällt, hast dir schon das Buch *Lass die Seele baumeln* ang'schaut?"

„Was ist das?"

„Entschuldige, das ist der Ratgeber, den du von mir zu Weihnachten bekommen hast!"

„Tut mir echt leid, aber ich bin noch nicht dazu gekommen …"

„Na, dann ist es ja kein Wunder, dass du so beieinander bist! Aber wenigstens mein letztes Geburtstagsgeschenk hast schon gelesen, oder?"

„Ja, natürlich! Wart einmal: *Mit dem Dreirad durch die Antarktis* oder?"

„Falsch!"

„*Im Handstand durch Patagonien …*

„Also, das find ich jetzt schon ein bisserl enttäuschend, dass du dir nicht einmal den Titel gemerkt hast!"

„*Mit dem Skateboard auf den Himalaya?*"

(verärgert korrigierend) „*Im Heißluftballon über den Jakobsweg !* Ein wunderbares Werk voller Weisheit und Poesie!"

„Stimmt, wo sich der eine so Gedanken macht …"

„Du hast ja keine Ahnung … Aber jetzt weiß ich wenigstens, was ich dir demnächst schenke: den Ratgeber zum Schnelllesen *Zehn Bücher in drei Minuten.*"

„Super."

„Aber zuerst muss ich ihn noch selber lesen. Und ich komm nicht dazu, weil ich mit 30 Büchern im Rückstand bin!"

Für viele Mitmenschen ist ein Buch ein sehr passendes Geschenk. Gerade wenn man die eigene Frau beglücken will, muss man sich aber etwas mehr Gedanken machen über …

DAS GEBURTSTAGSGESCHENK (LIED)

Vorhin hab i grad wieder einmal im Kalender so blattelt und einfach so g'schaut. Und da fahrt mir bitte völlig unerwartet, wie man sagt, der Schreck unter die Haut!

Weil i siech, mei Frau hat übermorgen Geburtstag, und 's erste, woran i da denk, is, dass i ihr ka Kuschelwochenend so wie bisher jedes Jahr wieder schenk!

> Sondern was Persönliches und nix Gewöhnliches,
>
> vor all'm nix Peinliches und a nix Kleinliches,
>
> da muss ma jetzt was einfall'n aber schnell!
>
> Was Kulinarisches oder Literarisches,
>
> vielleicht Romantisches, nix Dilettantisches,
>
> was nicht Alltägliches jetzt auf der Stell!

Also frag i halt in mein Bekanntenkreis so umadum: Habt's ihr da a Idee? Und drauf sagen alle: Schau, sie braucht kan Ring und kan teuern Schmuck für's Dekolleté.

Wichtig is nur, ma zeigt seiner Frau, man hat sich was Besond'res für sie überlegt, Und da kommt's net drauf an, was ma ausgeben hat, weil ihr Herz doch am meisten bewegt:

> Was Persönliches und nix Gewöhnliches,
>
> nix Nebensächliches und Oberflächliches,
>
> da muss ma jetzt was einfall'n aber glei!
>
> Was Musikalisches oder Theatralisches,

jed'nfalls was Ehrliches und Unentbehrliches,

irgendwas was s' net erwartet, sollt des sei!

Also waß i jetzt, i schenk ka Leselampen und kan Polster mit mein Foto drauf, dass i ka Bügeleisen, ka Blumenvasen, kan Designer-Pizzaschneider kauf.

A Parfum kriegt's net, weil i net waß, was s' gern riecht, und a G'wand kaufen scheitert daran, dass ich keine Ahnung hab, was sie scho hat und die Größe auch nicht sagen kann!

So a Geburtstag is, wenn's net der eig'ne is,

so was Aufreibendes und so Schweißtreibendes,

i glaub, je länger i drüber nachdenk

is doch, so meine ich, also ganz sicherlich,

dass ma des sagen könnt, a Kuschelwochenend

A wunderbares Geburtstagsgeschenk!

Nette Geburtstagsgeschenke sind auch Fotobücher oder zumindest ein paar schön auf Papier ausgedruckte Bilder, die man an die Wand hängen kann. Online ist es ja heutzutage wirklich ganz einfach, das …

BILDER AUSARBEITEN

Eveline startete ihren Laptop. Sie entschied sich, ihre Kameradateien an eine Drogeriekette zu schicken, die ganz in der Nähe eine Filiale hatte.

Ihre Traumfotos – jetzt noch einfacher und schneller!, versprach die Seite. ‚Als Clubmitglied genießen Sie alle Vorteile unserer Premium-Kunden!‘

Eveline konnte zwar nicht herausfinden, welche Vorteile das sein sollten, aber bitte: ein Premium-Kunde zu sein, konnte ja nicht schaden.

Clubmitglied wird man natürlich nicht, ohne Adresse, Telefonnummer, Geburtsdatum und Beruf anzugeben, aber dann hatte Eveline auch schon ihr erstes Erfolgserlebnis: eine freundliche Nachricht der Internetseite.

‚Gratulation! Sie haben es beinahe geschafft! Innerhalb der nächsten Minuten bekommen Sie von uns eine E-Mail mit ihrer Zugangsnummer, die Ihnen eine neue Welt ungeahnter Angebote eröffnet!‘

„Ich will nur ein paar verdammte Fotos …“, murmelte Eveline, aber jetzt gab es kein Zurück. Hier im Club-Vorteilsland wollte sie nun endlich ihre Bilder hochladen, aber dazu wurde dringend die neue Upload-Software empfohlen, die neuerdings alles kinderleicht macht.

Das folgende OK erwies sich als fatale Fehlentscheidung, denn das Herunterladen des Programms dauerte die halbe Nacht. Um halb drei beendete der Laptop den Vorgang mit den Worten: ‚Fehler auf Grund eines Problems'.

Mit letzter Kraft klickte Eveline auf ‚Hilfe'. Der Computer antwortete: 'Hilfe kann auf Grund des Fehlers infolge eines Problems nicht abgerufen werden' und stürzte endgültig ab.

Eveline befand sich jetzt tatsächlich im viel gepriesenen Club-Vorteilsland, in Gesellschaft von tausenden Premium-Kunden, die auch nur ein paar Bilder ausarbeiten lassen wollten.

Sie wissen ja, was das ist: Stegalenie, Lenastegie, also dieses Problem, dass man die Worte verdreht. So ein Lestageniker war unlängst …

BEIM MACHENIKER

„Wo kommst du denn her, und wieso bist zu Fuß?"

„Ich hab das Auto beim Macheniker."

„Beim Mechaniker!"

„Sag ich ja! Eigentlich bin ich nur wegen einem Weinscherfer hingefahren …"

„Ach so, wegen einem Weinscherfer …"

„Ich hab gedacht, es wäre nur die Burne kapitt. Aber dann hat der Macheniker festgestellt, dass auch das Brimslecht nicht funktioniert und der Schibenweischer!"

„Das Brimslecht und der Schibenweischer? Also, da hätt ich doch gleich nachgeschaut, ob eine Sacherung durchgebrinnt ist!"

„Wollte er ja! Aber wie die Kaulerhübe offen war, hat er gesehen, dass die Zandkübeln auch kaputt waren!"

„Die Zandkübeln, das ist typisch! Wahrscheinlich vom Merder gefrassen!"

„Genau! Sogar der Kielreimen war angeknabbert!"

„Der Kielreimen auch?"

„Also hat der Macheniker alles ausgetauscht und den Mator gestortet …"

„Und?"

„Jetzt kleppern die Vantile! Vielleicht muss man sogar die Neckenwolle tauschen und den ganzen Zylonderkipf!"

„Die Neckenwolle und den Zylonderkipf? Na, das wird teuer!"

„Ich hab mein Auto jedenfalls gleich in der Warkstett gelassen. Und wenn alles fertig ist, hab ich zu dem Macheniker gesagt, brauch ich auch noch einen neuen Tenkdackel!"

Oft entfalten kleine Ursachen immens große Wirkung. Bei einer guten Bekannten begann es auch mit einer Bagatelle, und am Ende hatte sie …

EINE NEUE ZENTRALHEIZUNG

Elfi hatte in ihrem Haus 30 Jahre lang eine Zentralheizung, die sie aufdrehte, wenn sie fror und dann je nach Wohlbefinden wärmer oder kälter stellte.

Eines Tages ging aber leider die Zündvorrichtung kaputt. Elfi erwartete eine kleine Reparatur, doch als der Servicetechniker erschien, machte er gleich ein besorgtes Gesicht und sagte: „Na Servas! Die Hazung derf i gar nimmer angreifen!"

„Wie meinen Sie das?"

„Nach die neichen Abgasvurschriften is Ihner Kessel völlig illegal! Aber wir hätten do a günstiges Angebot: an modernen EcoSuperComfort-Brennwertkessel um sagenhafte 3.000 Euro!"

Elfi musste sich setzen. „3.000 Euro?", wiederholte sie fassungslos, und der Installateur präzisierte: „Dazu müss ma natürlich a den Rauchfang a bisserl sanieren, und mit der Installation kummert des dann auf an g'schätzten Siebener. Aber da ham S' dann zwanzg Jahr a Ruah!"

Beim Summen ihres elektrischen Heizlüfters überdachte Elfi in den darauffolgenden Tagen ihre Lage. Letzten Endes wurde ihr klar, dass sie die 7.000 Euro aufbringen musste, verschob die Sanierung ihrer Zähne und bestellte die neue Heizung.

Nach einem Monat war die Anlage installiert. Sie funktionierte, doch dann wurde es draußen wärmer, und die Radiatoren erkalteten. Elfi fröstelte es erneut.

Der herbeigerufene Installateur zeigte aber keinerlei Mitgefühl.

Im Gegenteil, er war begeistert: „Gnä Frau, des beweist nur, dass die intelligente Steuerung funktioniert! Wenn's draußen wärmer wird, fahrt die Vorlauftemperatur zruck!"

„Aber dann wird's doch drinnen kühl! Das dauert ja ein paar Tage, bis die Wärme von draußen durch die Wände kommt!"

„Aber Sie spar'n an Haufen Energie! Glauben S'ma, da hat sich scho wer was dacht!"

Elfi war beruhigt. Und sie fand es auch in Ordnung, dass sie jetzt kein neues Gebiss hatte, denn zum Klappern reichten auch ihre alten Zähne.

Man behauptet doch, dass jedes Musikinstrument eine Seele hat. Daher ist die Generalüberholung eines Klavieres auch ein großer Eingriff. Sie führt vorübergehend zu inneren …

DISSONANZEN

Der Klavierstimmer hatte die Tastatur des Flügels zerlegt, weil er das Instrument gründlich reinigen wollte. Und nun lagen die Tasten in einem wirren Stapel auf dem Boden.

„Wer bist denn du?", fragte das schwarze Fis eine neben ihm liegende weiße Taste.

„Das D!", antwortete das D.

„Das freut mich, meine Terz einmal aus der Nähe kennen zu lernen! Ich hab ja schon viel von dir gehört!"

„Ich hoffe nur Gutes!"

„Na ja, ehrlich gesagt, bist du mir in letzter Zeit etwas verstimmt vorgekommen!"

„Deswegen ist ja der Klavierstimmer da. Hat vielleicht jemand das A gesehn?"

„Das wird gerade geputzt, weil einer unlängst mit Schokoladefingern gespielt hat. Ein sauberes A ist sehr wichtig!", sagte das Dis.

„Meine Nachbartaste weiß natürlich wieder alles ganz genau!", seufzte das D.

„Für dich bin ich immer noch das Es! Ohne Es könnte die halbe Blasmusik einpacken!"

„Für die Klavierschüler bis du jedenfalls ein Alptraum. In Dismoll muss man sich mit sechs Kreuzen herumschlagen!"

„Dafür kann in C-Dur jeder Anfänger spielen!"

„Also, ein bisserl fad ist C-Dur schon …", sagte das Gis und heizte damit die Stimmung weiter auf.

„Immer mit der Ruhe! Ich hasse Dissonanzen!", versuchte das stets vornehme E zu beschwichtigen, doch es hatte keinen Sinn. Nun stichelten alle schwarzen Tasten auf dem C herum.

Das B meinte zum Beispiel: „Ich bin sicher, wenn das Klavier fertig renoviert ist, kommt ein berühmter Pianist und spielt etwas total Anspruchsvolles! Zum Beispiel das B-Moll-Klavierkonzert von Tschaikowski!"

Alle träumten plötzlich davon, dass man das Klavier in einen Konzertsaal übersiedeln würde, ins Scheinwerferlicht, vor ein festlich gekleidetes Publikum.

Und dann kam der nächste Tag, und es wurde klar, dass man das Klavier für die fünfjährige Manuela gestimmt hatte, die nun ihre erste Stunde bekam. Sie setzte sich hin und begann mit ‚Fuchs, du hast die Gans gestohlen‘. In C-Dur.

Eine Plauderei unter alten Bekannten ist doch was Schönes. Da kann man so sein wie man ist und über alles offen reden. Genau das tun hier …

ZWEI FREUNDE

„Na endlich! Wieso kommst du so spät?"

„Sorry! Am Lift steht *Nur für 6 Personen*, und das hat natürlich eine Weile gedauert, bis so viele Leute zusammengekommen sind!"

„Die drei Stockwerke hättest du auch zu Fuß gehen können!"

„Normalerweise schon. Aber ich hab vergangene Nacht so schlecht geschlafen. Normalerweise zähle ich bis drei und bin schon weg!"

„Und?"

„Letzte Nacht hab ich bis halb vier gezählt!"

„Du Ärmster!"

„Und dann hab ich geträumt, dass wir noch einmal Zwillinge bekommen!"

„Wär das so schlimm?"

„Entschuldige, ich hab unlängst gelesen, dass jedes dritte Kind ein Chinese und jedes vierte ein Inder ist!"

„Dann muss halt eines deiner Kinder Dolmetscher werden!"

„Sehr witzig! Wie geht's denn eurer Kleinen?"

„Sie schreit recht viel und beruhigt sich nur, wenn ich ihr was vorsinge!"

„Na also!"

„Aber meine Frau sagt, da wär's ihr noch lieber, das Baby schreit!"

„Wie geht's dir denn beruflich? *Ein- und Verkauf* habe ich auf deinem Türschild gelesen. Was kaufst du denn?"

„Altes Gerümpel!"

„Und was verkaufst du?"

„Die selben Sachen als wertvolle Antiquitäten! Und du?"

„Ich bin jetzt beim Theater!"

„Schauspieler?"

„Ich verteile die Rollen … auf jedes Klo eine!"

„Der Job ist aber nicht so toll!"

„Dafür lernt man die Sorgen und Nöte der Schauspieler kennen. Unlängst hat sich einer bei mir darüber beklagt, dass er einen Mann darstellen muss, der seit 25 Jahren verheiratet ist."

„Na ja …"

„Ich hab ihm gesagt, dass er im nächsten Stück bestimmt wieder eine Sprechrolle bekommt!"

Wenn man einander lange kennt, nimmt man natürlich auch am Leben des anderen teil. Und ist man über sechzig, fällt dann immer wieder der Satz: …

WIE LANG MUASST'N NO?

Wenn i wo hinkomm, jemand triff,

(i man des gar net negativ,

des kommt bestimmt aus Mitgefühl,

aus Anteilnahme, wenn ma will)

fragt mich gleich jeder hoffnungsfroh:

„Was is, ha? Wie lang muasst'n no?"

Und noch bevor ich was drauf sag,

heißt's dann: „I hab no 90 Tag!"

oder: „Mir geht's scho gut, weil i bin schon

seit eineinhalb Jahr in Pension!"

Und kommt von mir auch gar kein Wort,

setzt man die Rede sicher fort:

„Mach dir nix draus, weil, meiner Sö,

die Zeit vergeht doch eh so schnö!"

Manches ist vielleicht viel komplizierter als es aussieht: Zum Beispiel hält der Schöpfer einer Comic-Geschichte alles, was er da zeichnet, für Produkte seiner Phantasie: die handelnden Figuren, die Autos, die Häuser und ganz …

GÄNSEHAUSEN

Sie kennen mich bestimmt, ich bin Tix von Tix, Trix und Trax, eine lustige Comic-Figur, die schon in unzähligen Heften und Filmen aufgetreten ist. Ich rede in Sprechblasen, und auch meine Gedanken sind oft in einer kleinen Wolke zu lesen. Aber manche Dinge überlege ich mir auch nur so für mich. Zum Beispiel, wie wir hier in Gänsehausen einst entstanden sind.

Onkel Ronald behauptet, dass wir unserem Zeichner in den 1930er-Jahren im Traum eingefallen wären. Er soll uns ganz einfach so hingekritzelt haben, und damit waren wir erschaffen.

Ich glaube das nicht, denn zumindest das Haus, in dem wir in unserer Comic-Geschichte wohnen, ist auf jeden Fall älter. Das muss es doch schon gegeben haben, als der Zeichner noch gar nicht geboren war! Genauso, wie den Geldspeicher unseres geizigen Onkels Sparobert.

Und was ist mit dem Hügel, wo dieser Geldspeicher steht und dem See, wo wir mit Onkel Ronald immer angeln gehen?

Nein, nein! Gänsehausen hat es immer schon gegeben. Es hat keinen Anfang und wird auch kein Ende haben, unabhängig davon, ob es ein mehr oder weniger begabter Künstler zeichnet oder nicht!

Bis vor ein paar Jahren war der Korruption Tür und Tor geöffnet. Da wurde hemmungslos eingeladen, um nachher zu sagen: „Also, ich habe dir zu essen und zu trinken gegeben, und du unterstützt mich dafür!" Seit ein paar Jahren ist angeblich alles transparent und clean. Nur im familiären Bereich hapert's noch ein bisserl bei der …

COMPLIANCE

„Opa, wollt's morgen zum Essen kommen?"

„Da muss ich erst die Oma fragen …"

„Ob's Zeit habt's?"

„Wegen der Compliance!"

„Wieso?"

„Schau, wenn du uns einladst, könnt jemand glauben, ihr wollt's uns bestechen, damit wir nachher auf eure Kinder aufpassen!"

„Blödsinn!"

„Und dadurch sind vielleicht andere, die mit'm Babysitten Geld verdienen, benachteiligt!"

„Wir brauchen ja im Moment gar kan Babysitter!"

„Des spielt bei der Compliance ka Rolle! Und dann stell dir vor, die Oma bringt an selber g'machten Apfelstrudel mit …"

„Super!"

„Gar net super! Da braucht uns nur wer frag'n, ob wir euch für den Apfelstrudel an Beleg ausg'stellt ham!"

„Aber da fließt ja ka Bargeld!"

„Des macht's no schlimmer! Wenn du uns jetzt als Gegenleistung für den Apfelstrudel zum Beispiel einkaufen fahrst, san ma glei im Graubereich der Nachbarschaftshilfe. Und für Transportfahrten brauchst an Gewerbeschein!"

„Des is doch alles nur für'n Eigenbedarf!"

„Der muss aber glaubwürdig sein. Und wer stellt des fest? Womöglich schreib'n s' dir dann noch a Registrierkassa vor!"

„Opa, wollt's jetzt zum Essen kommen oder net?"

„Was gibt's denn überhaupt?"

„Zwiebelrostbraten!"

„Wir kommen!"

„Jetzt auf einmal?"

„Schau ma halt, dass uns kaner siecht!"

Walter wollte sich viele Jahre lang einen neuen Fernseher kaufen, doch seine Frau war dagegen, weil der alte Röhrenapparat ja noch funktionierte. Trotzdem ging Walter immer wieder in den großen Elektronikmarkt und bestaunte …

DIE NEUEN TV-GERÄTE

Da gab's eine ganze Wand mit ungefähr dreihundert Fernsehern, auf denen gleichzeitig die Simpsons liefen, und der Verkaufsberater fragte:

„Für was brauchen S'eahm denn?"

„Zum Fernschauen?"

„Na, schauen Sie mehr im Wohnzimmer oder im Bett, aus welcher Entfernung, viel oder wenig …?"

„Warum müssen S' denn des so genau wissen?"

Der Verkäufer erzählte etwas von LCD und LED-Technik, Pixeln und anderem komischen Zeug, bis Walter völlig verwirrt nach Hause ging. Dort setzte er sich erschöpft vor die alte Röhrenkiste.

Doch die Sache ließ ihm keine Ruhe. Nach einigen Monaten schlenderte er neuerlich an der TV-Wand des Elektronikmarktes entlang und stellte fest, dass sich vieles geändert hatte.

Die LCD-Technik war offensichtlich Schnee von gestern, der Rahmen der Bildschirme ganz schmal, und statt 50 Herzen hatten alle Geräte 100 Herzen. Gut, dass er seinen Fernseher nicht vor einem halben Jahr gekauft hatte. Aber gerade jetzt sollte man es wahrscheinlich auch nicht tun, wo doch die Technologie so im Umbruch war.

Eine gute Entscheidung. Als Walter das nächste Mal nach den

100 Herzen und der HD-Qualität fragte, lachte der Verkäufer mitleidig.

„Guter Mann!", sagte er. „Der neueste Stand der Technik sind 200 Hertz und Ultra-HD!"

„Kommt in nächster Zeit wieder was Neues?"

„3D", antwortete der Berater feierlich, und Walter machte sich wieder auf den Heimweg. Tatsächlich präsentierte der Elektronikmarkt kurz darauf ein völlig neues TV-Erlebnis. Mit den dazugehörigen Brillen boten die inzwischen riesengroßen Geräte Bilder, die die Wirklichkeit in den Schatten stellten. Sie waren auch dementsprechend teuer, aber der Verkäufer sagte: „Wenn Sie sich jetzt einen Fernseher ohne 3D kaufen, werden Sie es schon bald bereuen!"

Genau das wollte Walter nicht und schaute weiterhin in die Röhre. Doch eines Tages war da nichts mehr zu sehen. Man hatte die alten analogen Kanäle abgedreht.

Und was machten Walter und seine Frau?

Die sitzen seitdem abends um halb acht bei einem Glas Wein und schauen sich *keine* Nachrichten an. Danach sehen sie *keinen* Krimi und *keine* Talksendung. Walter besucht weiterhin regelmäßig den Elektronikmarkt, nur um die Tatsache zu genießen, sich beim letzten Mal *keinen* Fernseher gekauft zu haben.

Und darüber, dass 3D-Fernsehen ein Riesenflop wurde, freut er sich am meisten!

Soferne man vor hundert Jahren überhaupt schon ein Auto besaß, ließ man sich meist von einem Chauffeur kutschieren. Nun ist es bald wieder soweit, denn es gibt …

DAS SELBSTFAHRENDE AUTO

„Cool!", sagte Yvonne zu Robert. „Mei Freundin, die Tschaklin frisst der Neid, wenn i ihr derzö, dass i mit dir in dein Auto g'fahren bin!"

Robert fühlte sich geschmeichelt und näherte sich Yvonnes Lippen.

„Robert, lass des!"

„Ich hab glaubt, du bist so scharf auf mi!"

„Geh bitte! I red doch net von dir, sondern von deiner geilen Schüssel! Und des is außerdem ka guater Platz zum Schmusen!"

Robert zog sich in seinen Schalensitz zurück und erklärte etwas enttäuscht:

„Das Auto ist erst vorige Woche g'liefert worden. Praktisch a Prototyp, selbstfahrend und vollautomatisch!"

„Zag her!"

Robert schöpfte wieder etwas Hoffnung und deutete im Cockpit auf mehrere Anzeigen und Knöpfe.

„Das da ist die BH-Control!"

„Echt? I hab heut gar kan …"

„BH heißt Behind Horizon! Mit dem kannst auf Gefahren reagieren, die no gar net da san!"

„Steil!"

„Und über das Display bei dein Knie bin ich mit meiner Cloud verbunden. Die zeigt mir, ob z'Haus genügend Wein im Kühlschrank is und wann der Hund das nächste Mal Gassi gehen muss, praktisch alles!"

„Wunderbar! Und umgekehrt? Siecht dei Frau daham, dass wir zwa miteinand im Auto sitzen?"

„Du Tschopperl! Die kennt sich doch mit dem Ganzen net aus! Pass auf, jetzt geb ich im Navi deine Adress ein, schalt auf Automatik, und schon können wir zwei uns entspannen! Das Auto fahrt ganz von selber!"

Frauen soll man aber nicht unterschätzen, insbesondere Ehefrauen. Das merkten bald auch Robert und seine mehr oder weniger heimliche Freundin Yvonne.

„Du Robert, da geht's aber net zu meiner Wohnung! Kann des sein, dass sich dei Wundertschesn a bisserl verfranst hat?"

„Ausgeschlossen! Wahrscheinlich umfahren wir grad nur irgendan Stau …"

„Aber jetzt schau dir des an! Dei Auto parkt vor'm Büro von an Rechtsanwalt! *Dr. Erwin Rosenkrieg, Spezialist für Scheidungsangelegenheiten*!"

Vor dem Eingang zur Anwaltskanzlei wartete Roberts Frau. Sie hatte die Bedienungsanleitung des selbstfahrenden Autos einfach genauer gelesen als er.

Navigationsgeräte sind ja grundsätzlich nur für Männer erfunden worden. Denn die wollen keinesfalls …

NACH DEM WEG FRAGEN

„Irgendwo da in der Näh muss des doch sein!", sagte der Mann, der das Auto lenkte. Gemeinsam mit seiner Frau suchte er ein Geschäft, in dem billige Möbel versteigert werden sollten.

„Dann frag doch einfach!", sagte sie.

„Wen denn?"

„An von die Leut, die da auf der Straßen gengan!"

„Die schauen aber net so aus, als ob sie's wisserten …"

„Wie schaut denn einer aus, der's waß?"

„Keine Ahnung! Sicher is nur, wenn ma die Adress net bald finden, is z'spät!"

„Da kommt einer aus'm Haustor! Der sollt sich auskennen, wenn er da wohnt!"

„Da kann i aber net parken!"

„Wer redt denn von parken … die drei Sekunden hättst doch stehenbleiben können!"

„I frag halt net so gern nach'm Weg!"

„Na endlich sagst du wie's is! Genierst di vielleicht, oder bist unkommunikativ?"

„Weder noch! Aber a Mann besitzt halt den besseren Orientierungssinn! Der hat's net notwendig, dass er fragt … außerdem muss des ja glei da wo sein!"

„Dann pass auf: I steig jetzt aus und frag mi z'Fuß durch, und du kannst ja weiter nach dein Orientierungssinn fahren!"

So machten sie es. Nach einer Stunde hatte die Frau eine hübsche Sitzgarnitur erstanden und telefonierte mit ihrem Mann:

„Schatz, wo bist du?"

„Schon ganz in der Näh! In spätestens fünf Minuten bin i bei dir!"

Abscheu erweckt sie bei jenen, die satt sind, die blanke Gier jedoch bei den Hungrigen, …

DIE LEBERKÄSSEMMEL

Es ist Mittagszeit, und in der vollbesetzten U-Bahn packt eine junge Frau eine warme, duftende Leberkässemmel aus. Sofort recken alle Fahrgäste die Hälse, um die Ursache dieses verführerischen Aromas zu entdecken, und ein unmittelbar neben der Semmelinhaberin sitzender junger Mann spricht diese an:

„So ein Super-Leberkäs!"

„Finde ich auch!", antwortet die Frau und öffnet den Mund, um hineinzubeißen.

„Schauen Sie nur, wie neidisch Sie von allen beobachtet werden!"

Die Frau setzt die Semmel kurz ab und blickt um sich. Der junge Mann fährt fort:

„Mich lässt das kalt! Wissen Sie, ich studiere Ernährungsphysiologie und habe in einer Vorlesung gerade erst gehört, was in einer Leberkässemmel alles drin ist!"

„Mir werden Sie meine Jause nicht schlecht machen!"

„Nein! Sie verstehen mich falsch! Wenn man sowas mit Maß und Ziel zu sich nimmt, ist es nicht ungesünder als ein geiles Schmalzbrot. Die Leberkässchnitte in Ihrer Semmel hat ja auch kaum mehr als zehn Deka … Sie erlauben?"

Damit nimmt er der verblüfften Frau die Semmel aus der Hand und sagt: „Also doch eher fünfzehn. Das macht lange satt, weil die Säure, die der Magen aus dem vielen Fett freisetzt, den Verdauungsvorgang verlangsamt! Dieser Leberkäs hat übrigens eine ideale rosa Farbe. Wissen Sie woher die kommt?"

Die Frau schweigt.

„Das macht das reichlich enthaltene Nitrit. Obwohl eine einzige Leberkässemmel natürlich noch nicht lebensgefährlich ist …"

Er beißt herzhaft in die fremde Leberkässemmel und doziert mit vollem Mund weiter: „Ein zusätzliches Problem ist der hohe Cholesteringehalt … (er schluckt den ersten Bissen runter) … und dass diese Semmel bestimmt über 600 Kilokalorien hat!"

In diesem Moment hält der Zug in einer Station, und der Student verschwindet mit dem Rest der Leberkässemmel in der Menschenmenge.

Man kann sich im Kaffeehaus treffen, viel interessanter finde ich allerdings ein …

RENDEZVOUS IM TIERGARTEN

Meine Frau und ich waren verabredet. Um elf sollten wir uns im Tiergarten Schönbrunn bei den Orang Utans treffen, aber ich kam leider um zehn Minuten zu spät. Meine Frau war nicht da, dafür schaute mir einer der Orang Utans tief in die Augen und forderte mich pantomimisch auf, näher an die Glasscheibe zu kommen.

„Suchst du dein Weibchen?", fragte er.

„Woher weißt du das?", antwortete ich überrascht.

„Weil sie mich vorhin gefragt hat, ob ich einen Mann mit einem grünen T-Shirt gesehen hätte!"

„Und wo ist sie jetzt?"

„Ich soll dir ausrichten, dass sie einstweilen ins Polarium gegangen ist, dort werden gerade die Robben gefüttert!"

Bis ich hinkam, waren die Robben schon satt und meine Frau wieder weg.

„War das die mit der roten Handtasche?", wollte der Königspinguin wissen. „Dann bist du der Kerl, der immer und überall zu spät kommt?"

„Nein, das heißt ja!"

„Sie ist Richtung Regenwaldhaus weitergegangen!"

Im Regenwald zog gerade ein Gewitter auf. Ein Flugfrosch sauste über meinen Kopf, der Leguan tat so, als ob er etwas wüsste und mir nicht sagen wollte, und eine Pythonschlange zeigte mir die Zunge. „Du hassst sssie gerade verpassst!", zischte sie. „Sssuche sssie bei den Schschschiraffen!"

‚Super! Der ganze Tiergarten weiß Bescheid, nur ich renn da wie blöd herum!', dachte ich und wanderte weiter zum Giraffen- park. Die riesigen Tiere sahen mich natürlich schon von weitem kommen. Mit dem Maul voller Blätter sagte eine der Giraffen von oben herab. „Deine Frau hat schon Hunger bekommen und wartet im Restaurant. Da drüben im Pavillon!"

Hier fand ich sie endlich und erfuhr, dass meine Frau von den Tieren genauso herumgeschickt worden war wie ich. Der Kell- ner hörte das mit und sagte:

„Den Tieren macht das Spaß! Außerdem haben wir mit ihnen so einen Deal: Je hungriger die Leute zu uns ins Restaurant kom- men, desto größer ist die Extraportion bei der nächsten Fütte- rung!"

Es kommt schon manchmal vor, dass man irgendwo eingeladen ist und nicht hingehen möchte. Dann braucht man …

EINE WASSERDICHTE AUSREDE

„Tut mir leid, dass ich gestern keine Zeit für dich gehabt hab! Ich war völlig ausgebucht!"

„Aber du hättest doch wenigstens kurz anrufen können!"

„Keine Chance! Am Vormittag war ein Termin nach dem anderen, und zu Mittag hab ich einen alten Freund getroffen, im Cafe Punschkrapferl …"

„Gestern am Donnerstag?"

„Wieso nicht?"

„Weil das Punschkrapferl am Donnerstag Ruhetag hat!"

„Deshalb war so wenig los … jedenfalls sind wir dann gemeinsam in ein Antiquitätengeschäft gegangen, weil mir mein Freund eine Lampe zeigen wollte, die er sich kaufen will!"

„Zu diesem Tandler um die Ecke?"

„Genau, zu dem!"

„Der hat doch schon vor Monaten zugesperrt. Da ist jetzt eine Tierfutterhandlung drin!"

„Stimmt! Deshalb hat er gleich umdisponiert und für seine Katze ein Sackerl Trockenfutter gekauft!"

„Dein Freund? Wie heißt denn der?"

„Du wirst ihn nicht kennen … er heißt Dvorschak …"

„Der Dvorschak Vickerl? Na, sicher kenn ich den! Der hat mich gestern angerufen! Aus London!"

„Na ja, irgendwie ist er mir gleich so abwesend vorgekommen. Auf alle Fälle ist mir dann plötzlich eingefallen, dass ich dich anrufen sollte!"

„Und warum hast du's nicht getan?"

„Weil ich mein Handy im Cafe Punschkrapferl vergessen hab! Es liegt leider immer noch dort!"

„Aha! Und woher kommt dann gerade dieses *Pling*?"

„Was für ein *Pling*?"

„Das aus deiner Tasche! Du hast eine SMS bekommen!"

„Moment … ja, eine Nachricht vom Punschkrapferl … sie haben mein Handy gefunden!"

„Du hast es doch in der Hand?"

„Stimmt, ich bin schon ganz durcheinander! Eben weil ich so viele Termine hab. Und außerdem bin ich gestern den ganzen Tag schwer krank im Bett gelegen. Ich sollte hier gar nicht mit dir reden!"

„Wer sagt denn, dass du mit mir redest? Ich bin doch gar nicht da, sondern auf einer kurzfristig angesetzten Dienstreise! Und falls du mir beweisen kannst, dass ich doch da bin, hab ich leider meine Brillen zuhause vergessen und dich gar nicht gesehen!"

Worüber plaudert man im Smalltalk, wenn man nicht über die Gesundheit reden will? Natürlich! Man führt …

GESPRÄCHE ÜBERS WETTER

„Grüß Sie! A schönes Wetter hamma heut!"

„Morgen soll's leider wieder schiach werd'n, hat er im Radio g'sagt!"

So läuft er, der kurze Dialog, den wir seit Jahren führen – ich und ein anderer Fahrgast, mit dem ich tagtäglich auf den Bus warte.

Das wurde mir mit der Zeit immer unangenehmer, weil ich auch gerne einmal über etwas anderes rede, aber was soll man schon groß besprechen, wenn man nur zwei, drei Minuten Zeit hat? Manchmal hab ich immerhin auch andere Gesprächseinstiege versucht:

„A bisserl müd schau ma heute aus! Hamma gestern lang ferng'schaut?"

„Gestern bin i gar nimmer aus'm Haus gangen, bei dem Wetter was da war! Und heute wird's leider noch schlechter, hat er im Radio g'sagt!"

Oder so:

„I bin neugierig, ob der Bus heute pünktlich is, bei dem Verkehr!"

„Na ja, kaum regnet's a bissel, geht glei nix weiter! Aber morgen soll's wieder besser werd'n, hat er g'sagt!"

Mit der Zeit wurde es mir zu einer täglichen Herausforderung, mit diesem Buskollegen wenigstens einmal ein anderes Gesprächsthema zu finden. Leider erfolglos:

„Die Regierung müsste mehr in die Ausbildung der Jugend investieren!"

„Stimmt! Und jetzt lasst sie's im Regen steh'n! Übrigens könnt ma heute noch a Gewitter krieg'n, hat er vorhin im Radio g'sagt!"

Am nächsten Tag:

„A sportliche Taschen hab'n Sie heute!"

„Die hab i ma für's Radlfahren kauft! Aber i fahr nur, wenn's Wetter schön is, und die nächsten Tage soll's ja ziemlich unbeständig bleib'n ..."

„Hat er g'sagt?"

„Hat er g'sagt!"

„Übrigens, was sagen Sie dazu, dass des Benzin wieder teurer worden is?"

„Ja, das kommt immer sehr auf die politische Großwetterlage an!" Der Mann schaute mir plötzlich streng ins Gesicht und sagte: „Aber müssen Sie eigentlich immer vom Wetter reden?"

Eines der heutzutage immer wieder gerne diskutierten politischen Themen ist die …

Direkte Demokratie

Familie Zirbitzer saß vor dem Fernseher und schaute sich die Samstagabend-Show an: *Was soll es Neues geben?*

Seit man das Parlament abgeschafft hatte, war diese Infotainment-Sendung das demokratische Fundament des Staates. Direkt abstimmen wollte das Volk, nicht irgendwelche Politiker wählen, die dann herumstritten und schließlich langweilige Kompromisse aushandelten. So war man nicht mehr weiter gekommen.

Dabei hatten es diverse Boulevardzeitungen schon längst vorgezeigt, wie's geht: Ein aktuelles Problem aufgreifen, so vereinfachen, dass jeder glaubt, es verstanden zu haben, und dann hemmungslos die Emotionen aufheizen.

Einige Politiker erkannten es: wenn die Menschen gerade vor Wut am Platzen sind, ist der richtige Zeitpunkt, sie um ihre Meinung zu fragen und eine dementsprechende Lösung herbei zu führen.

Also stellte man schließlich (in einer Volksabstimmung) die Frage: „Wollen Sie wirklich direkte Demokratie?". Die Antwort war ein überwältigendes „Gefällt mir", und so gibt es nun eben diese bereits erwähnte Sendung *Was soll es Neues geben?*

Jeden Samstag werden zehn verschiedene Themen in einem Beitrag kurz erklärt, und dann gibt's zwei Lösungsmöglichkeiten, für die das Publikum voten kann.

Zwei Beispiele: Soll die Straße nach Niederholzkirchen hergerichtet werden? Ergebnis: Nein, denn Niederholzkirchen hat nur

200 Einwohner, und die sind der Mehrheit egal. Sollen Lehrer weniger Ferien haben? Antwort: Ja, denn jeder hat sich in seinem Leben schon einmal über einen Lehrer geärgert und vergönnt ihm die Ferien nicht.

Nun verfolgte also die Familie Zirbitzer die aktuelle Infotainment-Show, und im Fernsehen stellte man die Fragen der Woche:

„Soll ein Alkotest frühestens nach 48 Stunden vorgenommen werden dürfen?"

Opa und der vierjährige Daniel voteten mit ‚Ja'.

„Sollen beim Eurovision-Song-Contest ausländische Künstler und Künstlerinnen ausgeschlossen werden?"

Oma schlief bereits, die anderen stimmten zu.

„Sollen Grippe und Durchfall per Gesetz verboten werden?"

Auch hier brachte das Voting eine überwältigende Zustimmung, und Mutter sagte: „Warum ist man nicht schon längst auf diese Idee gekommen?"

Zum absoluten Höhepunkt und leider auch zur finalen Staatskrise wurde die letzte Frage der Show.

„Darf ihr Nachbar mehr verdienen als Sie?"

Alle, wirklich alle, stimmten mit ‚Nein'. Die Bevölkerung des ganzen Landes geriet sich in die Haare, und Opa Zirbitzer sagte zu seiner Familie: „Schluss jetzt mit diesem demokratischen Schmarren! Ab sofort wird einfach gemacht, was ich sage!"

Wenn Silvia Auto fährt, hat sie sich bisher immer von ihrem Handy den Weg ansagen lassen. Trotzdem besitzt sie seit kurzem auch ein eigenes Navigationsgerät - und gestern hat sie sich den Spaß gemacht, beide Geräte gleichzeitig in Betrieb zu nehmen. Bald entspann sich folgendes Streitgespräch zwischen …

HANDY UND NAVI

Navi: „Biegen Sie in zweihundert Metern rechts ab!"

Handy: „Hören Sie nicht hin! Wir bleiben natürlich auf der Bundesstraße und und biegen erst ab, wenn ich es sage!"

Navi: „Rechts ist es aber kürzer!"

Handy: „Halt leider nur ein Feldweg!"

Navi: „Nach meinem letzten Update wird der gerade ausgebaut!"

Handy: „Eben! Nach meinen Online-Informationen stehen wir dort mindestens zehn Minuten vor einer Baustellenampel!"

Navi: „Hör zu: Ich bin hier der Navigationsspezialist! Du bist nur ein größenwahnsinniges Telefon. Internet, Kamera, Gschisti Gschasti, dass ich nicht lache!"

Handy: „Und du kannst nichts anderes als den Weg ansagen!"

Navi: „Aber wie! Ich beherrsche jede beliebige Sprache und stelle mich sogar auf meine jeweiligen Fahrgäste ein. Wenn ein Seemann am Steuer sitzt, sage ich: *Hart steuerbord, alter Junge, neuer Kurs wird zwo, zwo, null. Nach einer Meile Maschine stopp und klar zum Ankern!*"

Handy: „Auch schon was! Ich vermittle zum Beispiel einem Piloten das Gefühl, in einem Flugzeug zu sitzen. Da heißt's gleich bei der Abfahrt:

Oscar-Echo-Bravo cleared for take-off, runway zero-eight, ready for departure!"

Navi: „Pah, ich könnte sogar OId Shatterhand navigieren! *Mein weißer Bruder, lass uns in den Sonnenuntergang reiten, bis der Schatten von Winnetous Silberbüchse so lange ist, wie seine Friedenspfeife!*"

Handy: „Wer braucht denn sowas? Aber eine Ansage auf Führerscheinprüfer, das ist realistisch! Damit kann sich ein L-17- Kandidat schon einmal geistig darauf vorbereiten, wie man sich bei der Prüfung fühlt: *Sie brauchen gar nicht nervös sein, bei mir geht das kurz und schmerzlos! Wir biegen jetzt ganz einfach hier in die Seitengasse ein ... sehr gut, und schon ist die G'schichte vorbei, weil wir gegen die Einbahn gefahren sind!*"

Navi: „Sadist!"

Handy: „Dann mach du mir halt was mit Nächstenliebe: Zum Beispiel eine Ansage für Priester und Nonnen!"

Navi: „Bitte schön: *Bedenke, dass du ein armer Verkehrssünder bist, kehre um und fahr hin in Frieden!*"

Manche geben ihr Geld für exklusive Urlaube aus, andere für teure Autos und einige Spezialisten für eine hochgezüchtete ...

HIFI-ANLAGE

Oskar ist ein Hifi-Fanatiker. Er war einer der ersten, die sich seinerzeit einen CD-Player gekauft haben, und wenn man ihn zuhause besuchte, musste man stets seine neueste Anlage bewundern. Dann schwadronierte er über Begriffe wie Schalldruckpegel, Frequenzgang, Störabstand und Klirrfaktor und spielte schließlich viel zu laut irgendein abartiges Musikstück, bei dem einem Hören und Sehen verging (natürlich vor allem das Hören). Auch im Auto hatte er so eine Anlage, die er dermaßen brüllen ließ, dass sich die ganze Karosserie zum ‚umtsa umtsa‘ pulsierend verformte.

Mit den Jahren änderte sich Oskars Musikgeschmack. Heute hört er Klassik und Jazz – ausschließlich von der analogen Schallplatte, weil die ja inzwischen eine Renaissance erlebt hat. Oskar ist stolz auf seine Wahnsinns-Hifi-Anlage, bei der alleine der Plattenspieler 80.000 Euro gekostet hat, und behauptet, er könne die Preisklasse eines Netzkabels am Klang erkennen.

Das forderte Oskars Freunde zu einem spannenden Versuch heraus. Sie erzählten ihm von einer Anlage, die angeblich noch viel besser klingen würde als seine und führten ihn eines Abends mit verbundenen Augen dorthin.

Oskar erkannte das Mozart Klarinettenkonzert gleich nach den ersten Takten, drehte sich zu seinen Freunden und flüsterte: „Das ist sehr schön gespielt, aber leider eine völlig unnatürliche Klangwiedergabe!"

Man nahm Oskar die Augenbinde ab, und siehe da: er saß live im Konzertsaal vor den Philharmonikern.

Die folgenden drei Worte finden sich zum Beispiel auf vielen elektronischen Geräten, könnten aber auch etwas anderes bedeuten, als man gemeinhin darunter versteht:

MADE IN TAIWAN

Drin in einer Schokolade
reiste eine kleine Made,
eingewickelt in Stanniol
fühlte sie sich pudelwohl.
Sie flog um die halbe Welt,
wie das kam, ist schnell erzählt:
Also, Inge tut gern naschen,
steckte in die Manteltaschen
diese Nougatschokolade
inklusive unsrer Made.
Damit flog sie nach Fernosten,
nun, in China, wollt sie kosten,
doch im ersten großen Schreck,
warf sie gleich das Packerl weg,
weil ein Würmchen nicht erfreut
gleichermaßen alle Leut.
Nur die Made fühlte sich
stolz ganz außerordentlich,
So ist's, wenn man sagen kann:
Ich bin Made in Taiwan!

Der Preis eines Produktes muss im Supermarkt auf jeder Ware ersichtlich sein. Mindestens ebenso wichtig ist aber das …

GÜTESIEGEL

„Entschuldigen Sie, darf ich Sie was fragen?"

Die Regalbetreuerin des Marktes unterbrach das Schlichten ihrer Butterpackerln und schaute mich fragend an.

„Ich kenn mich net so aus mit die Gütezeichen! Is das eh a Biokäs?"

„Schauen S', des sehn S' da an dem Blumerl: Des is a emmissionsfreier Emmentaler, artgerecht g'halten und garantiert ohne Inhaltsstoffe!"

„Aha! Und wie is des mit der Knackwurscht?"

„Die is in Österreich geboren und mit Biodünger aufzogen worden!"

„Sagen S', wieviele solche Gütezeichen gibt's denn da?"

„Na, über hundert leicht! Aber es is ganz einfach! Wenn S' zum Beispiel da die Eier nehmen: Die klane Sonne sagt, dass die ganz umweltfreundlich entsorgt werden können!"

„Die Eier?"

„Die Schalen san zu hundert Prozent aus gentechnikfreiem Recyclingmaterial!"

Ich ließ den Blick über das reiche Warenangebot streifen und fand ein Päckchen mit Umweltzeichen. Die Regalbetreuerin erläuterte:

„Des san unsere Mehrweg-Spaghetti! Garantiert spülmaschinenfest! Neu ist übrigens unser delphinfreundlicher Reis!"

„Wie …?"

„Da wird beim Reisfischen drauf g'schaut, dass kane Delphine beschädigt werden!"

„Des is brav! Aber warum ham die Fischdosen dann des Energie-sparsiegel?"

„Weil s' im Standby-Betrieb überhaupt kan Strom verbrauchen!"

Das Leben ist ziemlich kompliziert geworden, und deshalb singe ich bei jeder Gelegenheit den …

PASSWORT-BLUES (LIED)

Es fangt doch schon im Kindergarten an,
da sagt die Mama: „Schau, dei G'wand,
des hängst auf's Hakerl mit'm Girafferl!
Des tust dir merken, bitte sehr,
des is ja a gar net so schwer,
die Anna, schau, die hat des Afferl!"

Dann kriegst a Fahrradl, a groß,
da musst dir einprägen vom Schloss
die lange vierstellige Nummer!
Des Telefon, die Postleitzahl,
e-mail-Adress auf jeden Fall,
sonst stehst du da als ziemlich Dummer!

A, B, C und 1, 2, 3, mir fallt mei Passwort leider grad net ein!

Und wirst erwachsen geht's erst richtig los,
dann wird die Datenmenge groß,
die man so braucht zum Überleben!
Die Steuernummer, IBAN, BIC,
die muss ma wissen auf an Blick,
sonst steht ma peinlich schnell daneben!

Am Wichtigsten is, dass zur Not
ma für den Bankomat den Code
und die Versich'rungsnummer waß!
S' Computerpasswort im Büro
und für des Smartphone sowieso,
im Internet für jeden Kas!

A,B, C und 1, 2, 3, wart's bitte kurz, jetzt hab i's aber glei!

I siech's schon kommen, des wird z'viel,
weil i ma's nimmer merken will,
die ganzen Kombinationen!
Wenn mi in Zukunft aner fragt,
egal, was er dann darauf sagt,
dann werd ich einfach nur betonen:

Im Kindergarten hab i des Girafferl g'habt, und des muss
reichen!

Es gibt kaum mehr einen Fernsehabend ohne Krimi, und deshalb fühlt man sich auf den Polizeistationen schon wie zuhause. Die folgende Szene spielt …

IM VERNEHMUNGSRAUM I

Im allseits bekannten Vernehmungsraum der Polizei. Der Polizist und sein Verdächtiger sitzen einander gegenüber, in der Mitte liegt ein kleines Diktiergerät. Hinter einer Glasscheibe, die nur in seine Blickrichtung durchsichtig ist, verfolgt der Chef der Einsatzgruppe das Gespräch:

Mit den Worten „Wir beide sprechen jetzt einmal Klartext!", eröffnet der Polizist das Verhör. „Ich werde Ihnen jetzt sagen, wie das Ganze abgelaufen ist! Sie haben sich nach Ladenschluss in das Juweliergeschäft einsperren lassen und dann in aller Ruhe den Safe geknackt!"

„Nein, es war ganz anders. Aber Ihre Idee ist auch nicht schlecht!"

„Hatten Sie einen Komplizen?"

„Leider! Es gibt ja heutzutage kaum noch ehrliche Menschen, mit denen man zusammenarbeiten kann!"

„Wollen Sie damit behaupten, dass Sie immer ehrlich sind?"

„Ich bin zumindest nie erwischt worden!"

„Diesmal aber schon! Es gibt drei Zeugen, die gesehen haben, wie sie mit der Beute das Geschäft verlassen haben!"

„Na und? Ich kann Ihnen hundert Zeugen bringen, die mich nicht gesehen haben!"

„Eines versteh ich nicht! Sie haben den ganzen Safe ausgeräumt und ausgerechnet den wertvollsten Brillantring liegen gelassen!"

„Meine Frau hat auch geschimpft …"

„Das ist ihre Privatangelegenheit. Aber haben Sie bei dem Einbruch denn gar nicht an Ihre arme alte Mutter gedacht?"

„Für die war einfach nichts Passendes dabei!"

„Sie geben die Tat also zu?"

„Nein!"

„Aber wir haben auf dem Safe ihre Fingerabdrücke gefunden!"

„Das ist unmöglich! Ich habe Handschuhe getragen!"

„So! jetzt haben Sie sich endgültig verraten!"

„Schauen Sie! Schuld, dass ich hier sitze, ist ja die Lehrerin meiner Tochter! Alles ist immer gut gegangen, bis die Kleine diesen blöden Aufsatz über den Beruf des Vaters schreiben musste!"

Was würde herauskommen, wenn man sein Leben nicht einfach so führen würde wie es sich ergibt, sondern nach einem professionell verfassten Plan? Sozusagen nach einem …

DREHBUCH

Kurt langweilte sich. Als Teenager hatte er zwar einige Turbulenzen erlebt, aber erstens waren die auch wieder nicht so ungewöhnlich gewesen und zweitens lange vorbei.

Gewiss, früher oder später würde er in die Midlife-Crisis geraten und wahrscheinlich mit einigen Unwägbarkeiten konfrontiert werden, doch was sollte er bis dahin tun? Nur so durch seinen faden Alltag gondeln? Mittelmäßig zufrieden mit Partnerschaft und Beruf? Nein! Er wollte seinen Freund fragen, einen kreativen Kopf, der für's Fernsehen Drehbücher schrieb.

„Ich kann dir schon helfen!", sagte der. „Wenn du willst, scripte ich dir dein Leben als spannende Fortsetzungsgeschichte! Du bekommst von mir jede Woche eine neue Episode und machst ganz einfach, was ich dir schreibe!"

Kurt nahm dankend an. In der ersten Folge sollte er gleich einmal mit seiner Praktikantin ein verschwiegenes Wochenende in einem entlegenen Blockhaus verbringen. Das war schon deshalb schwierig, weil er an seinem Arbeitsplatz keine Praktikantin hatte, und als er seine Frau fragte, wo man ein günstiges Blockhaus finden könnte, überredete sie ihn stattdessen, am Wochenende das Gemüsebeet umzustechen.

In Folge zwci sollte es geschäftlich knallhart hergehen. Kurt bekam die Aufgabe, Schwarzgeld in einer Briefkastenfirma in Panama zu parken. Also ging er zur Bank seines Vertrauens und fragte, ob man ihm 100 Euro in Schwarzgeld wechseln könne. Der Bankbeamte lachte nur und Kurt ging betreten nach Hause.

„Es ist wirklich nicht leicht, aus deinem Leben eine halbwegs spannende Fortsetzungsgeschichte zu machen!", sagte der Drehbuchautor. „Du musst dir dringend etwas zuschulden kommen lassen! Was ist denn das absolut Schlimmste, was du dir gerade noch zutraust?"

Kurt dachte kurz nach und flüsterte dann hinter vorgehaltener Hand: „Ich könnte zum Beispiel auf dem Fahrrad mit 20 durch eine Spielstraße rasen oder auf dem Bauernmarkt für den Schafskäse keinen Beleg verlangen …"

In der dritten Episode sollte Kurt daraufhin laut Drehbuch eine grüne Weinflasche in den Altglascontainer für Weißglas schmeißen, und das tat er dann wirklich. Aber genau in diesem Moment stand ein Mitarbeiter der Gemeinde hinter ihm, den er leider nicht bemerkt hatte.

„Hean S', san Sie farbenblind?", sagte der Typ ziemlich ungehalten. „Oder kennan S' net lesen?"

Kurt war das furchtbar peinlich, doch dann richtete er sich auf und antwortete entschlossen: „Ohne meinen Drehbuchautor sage ich kein Wort!"

Es gibt so technische Spielereien, die Frauen absolut überflüssig finden. Man könnte sagen ausgesprochene …

MÄNNERPRODUKTE

„Schau, ich muss dir zeigen, was ich mir gerade gekauft hab …"

„Ein Kaffeehäferl?"

„Eine Kaffeetasse mit elektronischem Füllstandsmelder. Knapp bevor man sie leergetrunken hat, schickt sie über Bluetooth ein Signal ans Handy, und das sagt einem, dass man nachschenken soll!"

„Super! Ich hab mir dafür unlängst eine Drohne für meinen Schlüsselbund zugelegt. Da drück ich eine kleine Fernsteuerung, und die Schlüssel landen automatisch in meiner Hand. Egal, wo ich sie gerade liegen gelassen hab!"

„Genial! Zeig her!"

„Leider hab ich gerade die Fernsteuerung irgendwo verlegt, und für die hab ich keine Drohne!"

„Ich spekulier grad, ob ich mir diesen Dogwalk-Roboter leisten soll. Der geht abends mit dem Hund eine Runde um den Häuserblock spazieren, und ich kann gemütlich vor dem Fernseher sitzenbleiben! Und wenn der Hund auch nicht aus dem Haus gehen will, geht der Dogwalk-Roboter alleine!"

„Herrlich! Ich hab seit einem halben Jahr sowas ähnliches: einen Hometrainer mit Elektroantrieb! Da kannst du zuschauen, wie er sich abstrudelt und dich währenddessen in Ruhe entspannen!"

„Spitzenmäßig! Wo hast denn den kauft?"

„Eh da, in dem Geschäft, wo's auch den Kaffee gibt!"

„Was? Einen Kaffee ham die auch?"

„Na sicher! Aber für alle, die keinen trinken, gibt's dort einen Vollautomaten, der den Kaffee mahlt, zubereitet und selbst entsorgt! Alles in einem Arbeitsgang und ohne, dass du einen Finger rührst!"

Noch einmal zurück in die TV-Krimi-Szene. Wir befinden uns abermals …

IM VERNEHMUNGSRAUM II

Der Vernehmungsraum ist ausgebucht, weil es sehr viele Krimi-serien gibt, die in diesem Zimmer gedreht werden. Tisch, zwei Stühle, Mikrofon und halbdurchlässige Fensterscheibe wie gehabt, nur der Polizist ist ein anderer. Diesmal sitzt ihm eine Zeugin gegenüber:

Der Polizist beginnt: „Sie wissen, dass Sie nur sagen dürfen, was sie selbst gesehen haben und nicht, was Sie nur vom Hörensagen kennen!"

„Klar!"

„Wann sind Sie geboren?"

„Das darf ich nicht sagen, weil ich es nur vom Hörensagen weiß."

„Sehr witzig! Also?"

„Vor 29 Jahren und ein paar Monaten."

„Wie viele Monate?"

„Über hundert …"

„Sie wissen, was Sie für eine Falschaussage bekommen?!"

„Angeblich ein BMW-Cabrio!"

„Irrtum: Tausend Euro oder 10 Tage Gefängnis!"

„In dem Fall würde ich lieber das Geld nehmen."

„Sie haben also beobachtet, wie der Angeklagte das Auto gestohlen hat. Warum haben Sie da nicht sofort die Polizei verständigt?"

„Aus alter Freundschaft!"

„Der Angeklagte ist also ihr Freund?"

„Sagen wir, er war es. Einmal hab ich ihn gefragt, ob er mich auch lieben würde, wenn ich alt und hässlich wäre."

„Und? Was hat er gesagt?"

„Dass er das eh schon die längste Zeit tut!"

„Ein feiner Freund! Jedenfalls ist es gut, dass Sie ihn verlassen haben!"

„Wir waren sowieso nicht immer zusammen. Er ist nämlich früher schon einmal im Gefängnis gesessen!"

„Warum?"

„Wegen seiner Farbenblindheit. Stellen Sie sich vor: Der Trottel hat rote Hunderteuroscheine gedruckt!"

Man weiß nicht warum, aber Grillen ist grundsätzlich Männersache. Manche erweisen sich dann als fürchterliche Dilettanten, nur wenige als perfekte …

GRILLMEISTER

„Das Wetter sollte noch ein paar Tage schön bleiben!", sagte Martin zu seiner Frau Evelin. „Wir könnten doch die Kinder einladen und wieder einmal gemütlich grillen!"

„Superidee!", antwortete sie. „Vorausgesetzt du schaust, dass diesmal alles funktioniert! Nicht so wie beim letzten Mal, wo du erst keine Glut z'sammbracht hast und dann alle Würstel schwarz war'n!"

„Künstlerpech! Aber du kannst ja den Reini einladen, den Profi-Supergriller! Dann soll der das machen, und ich kann mich endlich auf's Essen konzentrieren!", sagte Martin beleidigt. Er hatte diesen Vorschlag zwar gar nicht ganz ernst gemeint, aber Evelin fand ihn wunderbar.

Reini, ein penibler Junggeselle, sagte für den nächsten Abend zu. Und als Evelin ihn bat, ihren Gatten ein bisserl beim Grillen zu unterstützen, hatte er nichts dagegen.

„Ich mach das schon!", versprach Reini. „Und ich bring meinen eigenen Griller mit, damit das auch was G'scheites wird!"

Ab nun übernahm er das Kommando. Reini diktierte Evelin eine Liste mit allen erforderlichen Grillzutaten und erklärte, dass er schon um fünf Uhr da sein würde, um alles vorzubereiten.

„Um sieben wird gegessen!", stellte Reini fest. „Die Gäste müssen also spätestens um 18.30 Uhr da sein, damit wir mit dem Timing nicht durcheinander kommen!"

Punkt fünf traf er tatsächlich ein, manövrierte seinen feldküchenähnlichen Griller aus dem Auto und rollte ihn auf die Terrasse. Zehn Minuten später zündete er die Kohlen an und forderte Evelin und Martin zu mehr Eile auf.

„Hopp, hopp, der Tisch könnte schon gedeckt sein! Wie schaut's mit den Saucen aus? Wo sind die Koteletts? Sind die eh schon mariniert?"

Evelin und Martin liefen herum und waren, als die Gäste kamen, schon ziemlich fertig.

„Setzt's euch bitte, und tut's euch still beschäftigen!", keuchte Evelin. „Und tragt's eure Grillbestellungen da in die Liste ein, damit der Reini weiß, wann er was auf den Griller legen soll!"

Exakt um 18.59 Uhr rief Reini: „Die Berner sind fertig! Bitte schnell bei mir abholen und zügig essen, weil in zehn Minuten kommen die Hendlflügerln. Plaudern könnt's später!"

Schweigend schlangen die Partygäste die zugegebenermaßen schmackhaften Würstel hinunter, aber schon kam Reini mit den Hendeln und weitere zehn Minuten später mit den Koteletts.

Nach einer halben Stunde war alles gegessen, und nun wurde auch klar, warum Reini so zur Eile gedrängt hatte. Er war an diesem Abend noch zu zwei weiteren Parties als Grillmeister eingeladen.

Als er und die Gäste gegangen waren, legte Evelin ihre Hand auf Martins Arm und sagte: „Sollten wir jemals wieder grillen - ich freu mich jetzt schon auf deine gemütlich verkohlten Würstel!"

Männer geben ihren Frauen oft Tiernamen. Sie nennen sie zum Beispiel …

KATZI

„Würden Sie mir kurz Ihr Handy borgen? Ich müsste meine Frau anrufen, und bei mir ist der Akku leer!"

„Bitte! Was soll ich eintippen?"

„Katzi"

„Das ist ja keine Telefonnummer!"

„Aber unter Katzi hab ich sie gespeichert!"

„Auf Ihrem Handy vielleicht, aber nicht auf meinem!"

(schaut ihm über die Schulter) „Aber ich seh doch, dass in Ihrem Verzeichnis auch ein Katzi steht!"

„Das ist natürlich ein anderes!"

„Hoffentlich! Katzi ist nämlich meine Frau!"

„Ich will Sie Ihnen eh nicht wegnehmen. Aber schauen wir doch einfach ins Telefonbuch! Wie heißt denn Ihre Frau außer Katzi noch?"

„Manchmal nenn ich sie auch Mausi!"

„Wir brauchen den richtigen Namen von Ihrem Katzi-Mausi!"

„Sie heißt so wie ich!"

„Und Sie heißen?"

„Bärli!"

„Es ist eh wurscht, da ist nämlich kein Empfang. Aber man muss doch die Telefonnummer der eigenen Frau wissen!"

„Wissen *Sie* die Nummer von Ihrem Katzi?"

„Ich hab kein Katzi, sondern ein Hasi!"

„Das Katzi ist nicht mehr aktuell, sondern die Isolde!"

„Und wer ist das?"

„Meine Schwiegermutter, die darauf achtet, dass ich kein Bambi mehr habe!"

„Bambi?"

„Tja, das wäre mein Mausi, wenn ich nicht schon das Katzi hätte!"

Sorgen plagen fast alle, die eine eigene Firma besitzen. Besonders schwierig haben es oft …

KLEINSTUNTERNEHMER

Rudi hat eine kleine Firma. Eine sehr kleine. Eine sehr kleine Fahrradwerkstatt.

In der Früh schaut er ins Auftragsbuch und sagt: „Wir müssen heute fünf Fahrräder reparieren, drei davon bis Mittag!"

Er spricht zu sich selbst, denn er ist sein einziger Mitarbeiter. Als sein eigener Arbeiter hat er diese Bude aber langsam satt: „Wie blöd kann man das eigentlich noch einteilen? Da hätte ich gestern doch besser noch ein Rad mehr gemacht, statt diese sinnlose Inventur!"

„Gestern sind zwei Aufträge noch gar nicht herinnen gewesen!", verteidigt sich Rudi als Chef: „Wenn ich alles vorhersehen könnte, wäre ich reich und schön aber kein Fahrradmechaniker!"

Das lässt Rudi als Arbeiter nicht gelten: „Wenn man schon weiß, dass man einen Auftrag nicht schafft, nimmt man ihn halt nicht an! Die fünf Radeln gehen heute jedenfalls nur mit einer bezahlten Überstunde!"

Rudi als Chef kontert: „Höchstens auf Zeitausgleich!"

Das hört Rudi als Betriebsrat und mischt sich ein: „Wann soll denn der bedauernswerte Kollege diesen Zeitausgleich konsumieren? Er hat ja schon mindestens 50 Stunden am Konto stehen!"

„Also bitte!", sagt Rudi als Chef zähneknirschend. „Von mir aus eine Überstunde!"

Das Problem scheint gelöst zu sein, Chef und Betriebsrat ziehen ab, und Rudi als Arbeiter schaut sich einmal an, was bei den fünf Fahrrädern eigentlich zu reparieren ist: beim ersten ein Patschen, beim zweiten das Rücklicht, beim dritten der Sattel, beim vierten der Scheinwerfer und beim fünften die Klingel. Lauter Kleinigkeiten. Die sind locker alle bis Mittag fertig. Aber das behält Rudi als Arbeiter jetzt für sich. Als Chef und als Betriebsrat muss er ja nicht alles wissen!

In den Unternehmen wird heute überall beinhart kalkuliert. Aber was nützt das, wenn die Konsumentenpreise niedrig sind, und der Briefträger bringt den eingeschriebenen …

KÜNDIGUNGSBRIEF

„Sie sind wirklich ein harter Hund, Herr Rambosek!", sagte der Vorstandsdirektor zu seinem neuen Personalchef.

„Aber nein, das hat mit Härte gar nichts zu tun. Wenn die Firma umstrukturiert werden muss, dann ist es nur fair, wenn man den betroffenen Leuten klar sagt, wie die Dinge stehen!"

„Natürlich sollen keine großen sozialen Härtefälle entstehen …"

„Machen Sie sich keine Sorgen! Ich gehe nach völlig transparenten Kriterien vor. Zielgruppe Nummer eins sind natürlich die teuren Altlasten: Leute, die schon lange hier beschäftigt sind und nicht mehr so flexibel arbeiten wie die Jüngeren. Darf ich Ihnen kurz aus dem Brief zitieren, der morgen automatisch abgeschickt wird?"

„Automatisch?"

„Genau! Damit alles ganz objektiv abläuft!"

„Bitte, lesen Sie vor!"

Sehr geehrte(r) Herr/Frau XY! Sie haben in unserem Unternehmen hervorragende Arbeit geleistet. Wir möchten uns dafür bedanken, indem wir Ihnen die Möglichkeit geben, sich beruflich neu zu orientieren. Nach Ablauf der vorgesehenen Kündigungsfrist können Sie sich entweder neuen Herausforderungen stellen oder ihren Ruhestand genießen.

„Sehr gut!", sagte der Vorstandsdirektor und schüttelte Rambosek die Hand.

Zwei Tage später erhielt der Personalchef einen Brief, der ihm bekannt vorkam: *Sehr geehrter Herr Rambosek! Sie haben für unser Unternehmen hervorragende Arbeit geleistet ...*

Auch ganz herkömmliche Gebrauchsgegenstände des täglichen Lebens werden heute schon mit digitalen Funktionen ausgestattet. Bald wird das Sprichwort lauten …

NEUE BESEN KEHREN NICHT

Unlängst habe ich mir einen ganz normalen Besen gekauft. Zumindest glaubte ich, dass es ein normaler Besen wäre, aber als ich ihn zu Hause verwenden wollte, stellte ich fest, dass er am Stiel einen USB-Anschluss hatte. Aus Neugierde steckte ich den Besen an meinen PC, und siehe da, er bot mir mehrere Programme an: *Normales Zusammenkehren, Kehren unter Möbelstücken, Stufenkehren und Kehren im Freien,* sowie ein spezielles *Hundehaar- und Scherbenkehrprogramm.*

Ich war beeindruckt, wenn auch leicht verunsichert. Denn der Besen wollte mich außerdem in bestimmten Intervallen an den nächsten Kehrtermin erinnern und die Abnützung seiner Borsten anzeigen. Man konnte ihn darüber hinaus mit allen möglichen Haushaltsgeräten vernetzen, etwa mit Herd und Backrohr, Zahnbürste, Badezimmerwaage und Fitnessarmband.

Das alles wollte ich gerade nicht, sondern einfach ein paar Brösel vom Boden entfernen. Ich wählte *Zusammenkehren unter Möbelstücken,* und das Programm meldete: *Updates werden heruntergeladen. Bitte schalten Sie den Besen nicht aus. Dieser Vorgang kann einige Augenblicke dauern.*

Nach vier Stunden waren erst 50 Prozent des Downloads beendet, und ich verschob das Kehren auf den nächsten Tag. Den brauchte der Besen, um die Updates zu installieren, aber am dritten Tag nahm ich ihn tatsächlich in Betrieb. Er flog mir unter der Hand davon, weil irrtümlich die Funktion *Hexenbesen* aktiviert war. Jetzt kehre ich wieder mit dem alten, analogen Besen.

Eine Kur ist heute auch nicht mehr das, was sie einmal war. Da gibt's Selbstbehalte und neue Organisationsstrukturen, nur eines kann und darf man nicht wegrationalisieren: den …

KURSCHATTEN

„Gut war's heut, das Abendessen!", sagt der ältere Kurgast zu einer ebenfalls auf Kur befindlichen, etwa gleich alten Dame.

„Leider a bisserl z'viel! I vertrag des nimmer so!", meint sie.

„I hätt mir gar net dacht, dass ma auf einer Kur so nette Leut kennenlernen kann wie Sie!"

„Gehen S', hören S' auf …"

„Heut hamma Vollmond!"

„Was wollen Sie damit sagen?"

„Zum Beispiel, dass es schlecht is, wenn man da operieren geht!"

„Heut geht sich des eh nimmer aus!"

„Obwohl i jetzt bald einmal zum Orthopäden muss …"

„Mei, so still is jetzt, direkt romantisch! Nur die Amseln hört ma singen!"

„Zum HNO sollt i a, wegen die Ohren!"

„Wir könnten ja da bis zum nächsten Bankerl gehen! Durch die laue Abendluft!"

„Tagsüber war manchmal a direkt unangenehmer Wind!"

„Na, dann bleib ma lieber da!"

„Aber jetzt fühl i mi grad richtig wohl!"

„Da müssen's aber aufpassen!"

„Wieso?"

„Weil's dann nur schlechter werd'n kann! Und am blödesten san immer die Leiden, die ma gar net spürt!"

„Mein Gott, früher als a Junger, wenn ma mit jemandem so am Bankerl g'sessen is, hat ma sich gern was Liebes g'sagt!"

„Was denn?"

„Zum Beispiel: Wir sollten heut noch irgendwas Schönes machen!"

„Könn ma eh! Halber achte is, Zeit für die Nachrichten!"

„Schau ma's uns gemeinsam an?"

„Na hören S', Sie san aber a Draufgänger!"

Ich weiß, es ist ungefähr so realistisch wie von einem Meteoriten getroffen zu werden, aber stellen Sie sich einmal vor, sie machen einen …

LOTTOSECHSER

„Ich kann dir sagen, in der letzten Nacht hab ich wirklich einen Alptraum g'habt! Stell dir vor, ich sitz vor'm Fernseher und schau mir die Lottoziehung an. Plötzlich hab i an Sechser! Zehn Millionen Euro! Ein Wahnsinn!"

„Aber das ist doch super!"

„Ganz im Gegenteil, mein Lieber! Es war furchtbar. Zehn Millionen! Der Lottogewinnberater ist gekommen und hat mir erklärt, dass ich höllisch aufpassen muss. Am besten wär's, in ein möglichst baufälliges Haus zu übersiedeln und ein uraltes Auto zu fahren. Aber wieder nicht so alt, dass sich die Leute fragen, wie ich mir die vielen Reparaturen leisten kann. Ich und meine Frau haben beschlossen, ab sofort nicht mehr auf Urlaub zu fahren und nie mehr essen zu gehen. Sicherheitshalber haben wir allen unseren Freunden erklärt, dass wir sie nicht mehr treffen wollen. Man verplappert sich ja so leicht. Es war Winter, und wir sind demonstrativ in den Wald Holz suchen gegangen, damit es wenigstens halbwegs warm wird. Heimlich haben wir im Keller einen Geldspeicher gebaut, den wir mit einem Kredit finanziert haben, damit auch die Bank nicht draufkommt, dass wir zehn Millionen besitzen. Und dann bin ich aufgewacht! Alles war wieder wie früher, all unsere guten alten Schulden waren wieder da! Mir ist ein Stein vom Herzen gefallen!"

„Puh, wirklich arg! Aber ich sag dir was: Ich hab unlängst wirklich einen Lottogewinn gemacht! Einen Dreier! Und wir leben vorerst einmal ganz normal weiter!"

Ich merk's ja an mir selbst und an meinem Publikum. Je nach Alter hat jeder seine ganz spezifischen …

LEBENSTHEMEN

Mit vierzehn sagt man: „Du, ich geb
dir einen Tipp für eine App!"
und rät mit sechzehn bald einmal
zu einem geilen In-Lokal.
Mit achtzehn wüsst man gern, wo man
den Führerschein schnell machen kann,
auch wie man leicht viel Geld verdient
und eine Partnerin gewinnt.
Bald diskutiert, wer Kinder liebt,
in welche Schule man sie gibt
und tauscht mit dreißig emsig aus
Erfahrungen zum Bau vom Haus.
Mit vierzig int'ressiert dich mehr,
wo jetzt ein Urlaub lässig wär,
bevor mit fünfzig spannend wird,
wie man ein Motorrad chauffiert.
Bist sechzig, suchst bei Freunden Rat:
Wo ist der beste Osteopath?
Und folgt darauf der Ruhestand
wird schnell die Frage sehr vakant:
woher nimmt man die Zeit denn nun,
man hat so furchtbar viel zu tun!.
Wovon der Mensch mit siebzig spricht,
sag ich euch bald, noch weiß ich's nicht!

Wie schlägt man sich durch's Leben? Die Möglichkeit eines Drehbuches haben wir schon besprochen und wieder fallen gelassen. Eine tolle Orientierungshilfe wäre so eine Art …

NAVI FÜR'S LEBEN

Beim Hofer steht jetzt ein neues Navi im Prospekt, das ich noch nie gesehen hab: ein Navi für den persönlichen Lebensweg! Da kannst du jedes x-beliebige Lebensziel eingeben, und das Gerät sagt dir, wie du am schnellsten dort hinkommst.

Jedes x-beliebige? Ich erinnere mich an meine Jugendträume und schreibe *Lokomotivführer* (selbstverständlich auf einer Dampflok). Das Gerät antwortet:

Navigation nicht möglich, da Pensionsalter für Lokomotiv-führer deutlich unter Ihrem aktuellen Lebensalter!

Ich tippe den nächsten Beruf ein, von dem ich als Kind geträumt habe: *Telegrafenarbeiter* (das waren die Männer, die mit runden Steigeisen die hölzernen Telefonmasten hochkletterten und oben die richtigen Drähte verbanden).

Die Antwort des Navis: *Beruf heute unbekannt.*

Hm, denke ich, vielleicht sollte ich es mit einem zeitlosen Zukunftswunsch versuchen. Und ich schreibe: *Millionär.*

Daraufhin stellt das Gerät eine Gegenfrage: Waren bereits Ihre Eltern *Millionäre*?

Ich verneine, und das Navi bedauert:

Erreichung des Ziels eher unwahrscheinlich bzw. mit gröberem Aufwand verbunden. Vorgang trotzdem fortsetzen?

Ja!

Dann folgen Sie Ihrem Egoismus und biegen Sie bei der Skru-

pellosigkeit in Richtung Steuerbetrug ab. Voraussetzung: Vitamin B (= Beziehungen) und Schwein.

Das ist für mich nicht so zutreffend, und ich frage:

Gibt es vielleicht Ihrerseits Vorschläge für realistisch erreichbare Lebensziele eines Durchschnittsösterreichers?

Das Navi antwortet ohne zu zögern:

Suderant und Hättiwari!

Es ist ja so schwierig geworden, seinen Liebsten etwas Sinnvolles zu schenken (siehe mein Lied auf Seite 41). Ein origineller Vorschlag wäre eine …

PATENSCHAFT

„Liebste Linda, ich wünsche dir alles Gute zum Hochzeitstag!"

Hannes machte ein feierliches Gesicht, gab seiner Frau einen Kuss und überreichte ihr einen üppigen Strauß roter Rosen.

„Die sind aber schön!", sagte Linda, steckte ihre Nase hinein und entdeckte zwischen den Blüten ein kleines Kuvert. „Was ist denn das?"

„Mach's halt auf!", antwortete Hannes.

Linda nestelte am Umschlag herum. Sie dachte an so etwas wie einen Reisegutschein, aber es war eine Urkunde.

Werner erklärte: „Du wirst es nicht glauben, das nächste Tiefdruckgebiet heißt so wie du: Linda! Amtlich und offiziell! Überall wird demnächst dein Name genannt!"

Linda war sprachlos.

„Natürlich hätte ich dir lieber ein Hochdruckgebiet geschenkt, aber die Hochs waren leider aus. Und ein ordentliches Adria-Tief macht doch auch viel mehr her, als so ein langweiliges Azorenhoch. Was ist? Freust du dich nicht?"

„Schon …" Linda schluckte.

„Mit so einer Kaltfront bist du überall im Gespräch! Scharenweise werden die Leute wegen dir ihren Urlaub abbrechen, die Schneepflüge aus den Garagen holen oder die Keller auspumpen!"

Linda stand auf und ging zum Wohnzimmerschrank.

„Wohin gehst du? Pass auf, das wird ein unvergessliches Erlebnis! Wenn dein Tief auftaucht, machen wir's uns zu Hause gemütlich und schauen uns alle Wetterberichte an!"

Linda kam zurück und überreichte Hannes ebenfalls einen Briefumschlag. Seufzend sagte sie:

„Das ist mein Geschenk an dich: ein Hochdruckgebiet. Aber wenn's dir zu langweilig ist, können wir's auch gegen einen Wirbelsturm umtauschen! Die Rechnung hab ich noch …"

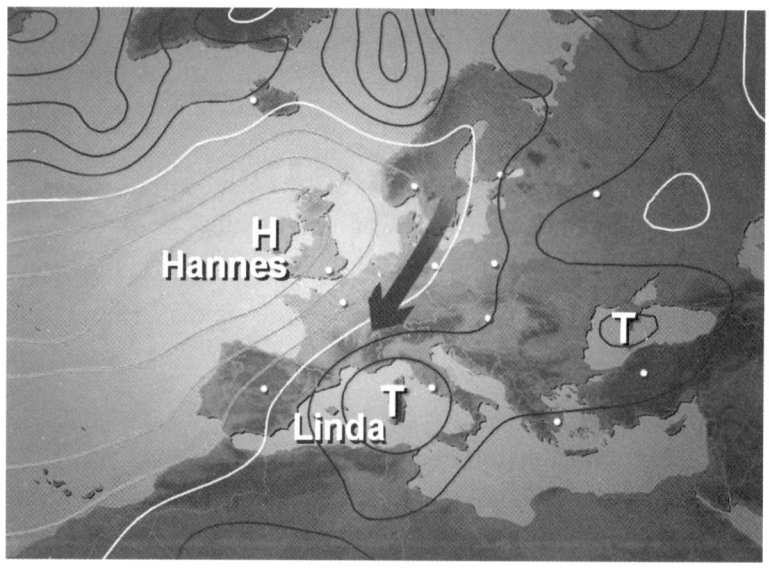

Das folgende Ding hab ich mir selbst geschenkt, natürlich auch weil es nützlich ist, vor allem aber wegen der technischen Raffinesse: einen …

STAUBSAUGERROBOTER

Unlängst lag ich ganz entspannt auf der Couch im Wohnzimmer und beobachtete meinen neuen Staubsaugerroboter, wie er in der Wohnung seine Runden zog. Zuerst war er ja alle paar Minuten zwischen Sessel- und Tischbeinen steckengeblieben, aber nachdem ich meine Möbel übereinander an die Wände gestellt hatte, funktionierte er tadellos.

Während ich meinem Robi so zusah, bekam ich zwar einen Anflug von schlechtem Gewissen, weil ich mir wie ein Sklaventreiber vorkam, aber das kämpfte ich nieder.

Nur plötzlich fiel mir etwas auf: Das hier war ja gar nicht mein Staubsaugerroboter! Ich fing ihn ein und identifizierte ihn als sehr billiges ungarisches Gerät. Meinen eigenen Roboter fand ich in der Veranda, wo er gemütlich in der Sonne ruhte.

„Na hallo, wie hammas denn?", fragte ich, aber er war im Sleep-Modus und hörte mich nicht. Während ich noch so da stand, fuhr mir der Ungar kräftig an die rechte Ferse.

Fluchend begann ich zu recherchieren. Mein Staubsaugerroboter hatte sich doch tatsächlich auf meine Kosten im Internet einen Helfer bestellt. Erst wenn der alles picobello gesaugt hatte, fuhr er proforma noch einmal selbst über den Teppich, um den Eindruck zu erwecken, er hätte alles selbst gemacht.

So ging das also gar nicht! Den ungarischen Roboter hat jetzt meine Tochter. Und mein eigener Staubsaugerrobi? Ist gerade wegen Überlastung kaputtgegangen!

Ich möchte wirklich niemandem nahetreten. Es ist ganz in Ordnung, wenn man mit Wasser gefüllte Plastikflaschen rund um sein Auto stellt, um es vor Mardern zu schützen. Man darf ruhig daran glauben, dass es nützt. Denn wenn man schon mehrere Zündkabel und Schläuche reparieren lassen musste, greift man gerne auch zu unbewiesenen …

MARDERSCHRECKMETHODEN

„So eine schöne Nacht haben wir schon lange nicht gehabt!", sagte der Steinmarder Flitsch zu seinem Freund Flutsch. Stundenlang waren die beiden auf Autodächer geklettert und über die Scheiben wieder runtergerutscht, und jetzt ruhten sie sich gerade aus. „Und die Zündkabel haben mir heute besonders gut geschmeckt!", fügte Flitsch hinzu.

„Mir auch!", sagte Flutsch. „Ich weiß gar nicht mehr, wie unsere Vorfahren ohne diese Autos gelebt haben. Das muss ja trostlos gewesen sein!"

„Stimmt, aber ich verstehe nicht, warum die Menschen jetzt immer wieder Wasserflaschen neben ihre Autos stellen!"

„Das kann ich dir sagen: Die glauben, dass wir uns davor fürchten!"

„Fürchten?? Ich lach mich tot!"

„Tu das nicht! Dann hätten die Flaschen ja gewirkt!"

„Ja, aber warum sollten wir denn Angst haben?"

„Viele Menschen glauben, dass wir in den Flaschen unser Spiegelbild sehen und darüber erschrecken!"

„Hat schon einmal jemand in einer Plastikflasche sein Spiegelbild gesehen? Noch dazu im Finstern?"

„Haha! Manche glauben auch, dass wir dagegen rennen und im ersten Schreck das Weite suchen! Das ist doch zu komisch!"

„Allerdings! Wenn die Autofahrer ihre eigenen Fotos unter den Motorraum legen würden, dann vielleicht …"

„Genau! Möglicherweise stehen die Flaschen ja auch nur dort … haha … damit die Autodiebe was zum Trinken haben, wenn sie durstig werden!"

„Weißt du, das erinnert mich an den Witz, wo ein Marder am Dachboden sitzt und alle paar Minuten in die Pfoten klatscht!"

„Den kenn ich gar nicht!"

„Kommt eine Maus vorbei und fragt, warum er klatscht. Antwortet der Marder: *Um die Löwen zu vertreiben!* Sagt die Maus: *Aber hier gibts doch gar keine Löwen!* Darauf der Marder*: Siehst du, wie's wirkt?"*

Gemütlich essen gehen ist was Schönes. Aber in der familiären Praxis ist das oft gar nicht so gemütlich, zum Beispiel das …

PIZZA ESSEN

„Haben die Herrschaften schon gewählt?", fragt der Kellner in der Pizzeria Dolce Vita. Doch das junge Ehepaar mit Kind ist noch unentschlossen.

„Also, ich hätt gern eine Pizza Capricciosa!", sagt der Vater, nachdem der Kellner wieder gegangen ist.

„Ich mag aber keine Broccoli!", protestiert die Mutter.

„Ich rede ja nicht von deiner, sondern von meiner Pizza!"

„Na, du wirst mich doch hoffentlich kosten lassen?"

„Wie kosten?"

„Na, die Hälfte von deiner …"

„Bestell dir doch selber was du willst!"

„Eine ganze Pizza kann ich aber nicht!"

„Also, was soll ich mir bestellen, damit's dir schmeckt?"

„Nimm doch die Rucola! Die kann auch der Kevin essen!"

„Aber wenn ich mit dem auch noch teilen muss …"

„Sei doch nicht so gierig! Für den Kevin haben wir noch nie eine eigene Pizza bestellt!"

Der Vater stöhnt: „Warum muss das immer so schwierig sein, wenn wir essen gehen?"

„Das ist überhaupt nicht schwierig! Bestell dir einfach, was du willst!"

„Gut! Ich bleibe bei meiner Capricciosa!"

„Die hat dir doch letztes Mal gar nicht so geschmeckt!"

„Ja, weil ich lieber eine Caprese gehabt hätte, die aber der Kevin nicht mag! Und dann hab ich dir zuliebe eine Capricciosa ohne Broccoli genommen!"

„Liebst du vielleicht Broccoli mehr als mich?"

„Im Augenblick ja!"

Ich weiß nicht, ob Sie das noch kennen, wovon ich in dieser Geschichte schreibe. Es geht um dünne Stangerln aus Messing, die auf der einen Seite eine Öse haben, halt ganz simple …

VORHANGSTANGERLN

Ich wollte sowas kaufen und bin zu diesem Zweck in den nächsten Baumarkt gefahren. Der (schon nach einer Viertelstunde aufgefundene) Fachberater war allerdings ahnungslos und stellte die zentrale und wichtigste Beraterfrage: „Für was brauchen Sie's denn?"

„Für einen Vorhang! Daher der Name Vorhangstange!", sagte ich vielleicht etwas zu schnippisch und bekam dafür die ebenso spitze Antwort: „Sowas hamma net und hat's bei uns a no nie geb'n!"

Na gut, der Mann war bestimmt zu jung, um zu wissen, dass es solche Stangerln noch vor wenigen Jahren sehr wohl gegeben hat, und zwar in allen möglichen Längen und Stärken. Also fuhr ich ohne lange Diskussion ins nächste Geschäft.

Da gab's Eisenstangen, Alustangen, Profil- und Gewindestangen aber nicht das, was ich suchte.

„Vorhangstangen? Bitte sehr!", sagte der (diesmal etwas erfahrenere) Fachberater zu meiner Überraschung und zeigte mir ein plastikverpacktes Ding. „Die san so teleskopartig auf jede Länge einstellbar!"

„Und halten die a was aus?"

„Ehrlich g'sagt, die verbieg'n si gern!" Messingstangen mit Ösen hatte er angeblich ebenfalls noch nie im Leben gesehen.

Ich wandte mich zum Gehen und begann an mir selbst zu zweifeln. Vielleicht bildete ich mir die Existenz solcher Vorhangstangen nur ein, und es hatte sie wirklich nie gegeben!

Während ich zum Ausgang schlenderte, sprach mich plötzlich ein anderer Kunde an. „Ich hab vorhin g'hört, dass Sie nach Vorhangstangerln g'fragt ham! Ich geb Ihnen an Tipp: Schauen S' einmal zum Schmied in der Schlossergassen, der wird Ihnen sicher helfen können!"

Das tat ich gleich, und dort traf ich nicht nur einen sehr hilfsbereiten Schmiedemeister, sondern auch zwei Kunden, die gerade auf ihre Vorhangstangerln warteten. Mit denen ergaben sich bald spannende Gespräche über Waschrumpeln, Erdbeerkracherl, Eier-Einlegeglaseln und Flitspritzen gegen Ungeziefer. Über Dinge halt, die gang und gäbe waren, als es auch noch diese Messingstaberln mit Ösen gab.

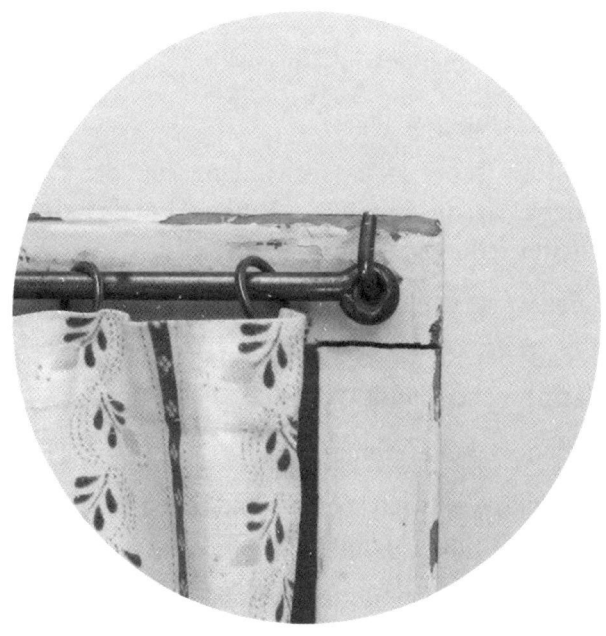

Was bedeutet das eigentlich, wenn ein Geflügelhof behauptet, er hätte …

GLÜCKLICHE HÜHNER?

„Entschuldigen Sie, wenn ich Sie beim Picken störe. Darf ich fragen, ob Sie sich als glückliches Huhn bezeichnen würden?"

„Wer möchte das wissen?", antwortet das Huhn.

„Ich, nur ganz privat!"

„Und wer sind Sie?"

„Ein Konsument Ihrer Eier!"

„Sind sie nicht in Ordnung?"

„Doch, doch, sie schmecken sehr gut!"

„Ist Ihnen der Dotter zu blass?"

„Nein, nein! Es ist nur so, dass ich unlängst auf der Verpackung gelesen habe, wo die Eier herkommen. Und da hab ich mich halt bis zu Ihnen durchgefragt!"

„Schön, und wieso wollen Sie jetzt wissen, ob ich glücklich bin?"

„Weil das auf der Eierverpackung steht! Die Leute von dieser Hühnerfarm machen damit Werbung!"

„Die haben doch keine Ahnung …"

„Eben! Deshalb wollte ich ja einmal mit Ihnen persönlich reden! Also, wie geht's Ihnen hier so?"

„Mein Gott, das werden Sie als Mensch nicht so verstehen. Wir leben in einer brutalen Leistungsgesellschaft! Hier zählt nur, dass man viele Eier legt. Als Huhn fühle ich mich da überhaupt nicht mehr ernst genommen!"

„Interessant!"

„Und dann rennen hier so viele wirklich dumme Hühner herum, die alle keine Ahnung haben, was im Leben wirklich zählt!"

„Nämlich was?"

„Dass man eines Tages ein goldenes Ei legt und sich einen eigenen Hühnerhof leisten kann!"

Bleiben wir noch bei den Tieren. Hunde können sehr wertvolle Gefährten des Menschen sein. Vorausgesetzt man bemüht sich, sie ein wenig zu erziehen – mittels …

HUNDETRAINING

Wir haben einen Hund, und der ist leider ziemlich ungezogen. Wenn man ihn ruft, tut er so, als ginge ihn das nichts an. Lässt man ihn von der Leine, rennt er fort, und wenn er auch nur einen Moment lang alleine in der Küche ist, schnappt er sich hemmungslos alle erreichbaren Fleisch- und Wurstwaren.

Deshalb haben wir beschlossen, unseren Bello in die Hundeschule zu geben. Aber in welche?

Im Internet findet man eine große Anzahl von Hundetrainingsinstituten, also las ich die Kundenbewertungen. Und gleich die erste gab mir zu denken. Da stand nämlich:

‚Ich habe die Hundeschule ein Jahr lang besucht und viel davon profitiert. Das Leinenziehen hat praktisch aufgehört, weil mein Herrl auch beim Laufen mit mir Schritt halten kann. Darüber hinaus ist meine Ernährungssituation besser geworden, weil der Alte gelernt hat, mich für alles und jedes mit Leckerbissen zu belohnen.

Ich kann jetzt auch völlig stressfrei spazieren gehen, seit mein Herrl in der Gemeindezeitung bekannt gibt, wann wir unsere Runden drehen, damit alle anderen Hundebesitzer in dieser Zeit zuhause bleiben. In unserer Wohnung gibt es keine Katze mehr, weil man endlich akzeptiert, dass auch Hunde eine Katzenhaarallergie haben können.

Ich freue mich schon auf den nächsten Kurs, in dem mein Herrl davon überzeugt werden soll, in ein einsames Haus am Land zu übersiedeln, wo ich dann nach Herzenslust den ganzen Tag bellen kann.'

Als Bewertung gab der Hund dem Trainingsinstitut zehn von fünf möglichen Punkten.

Früher hat man's arglos gesungen, das Kinderlied von den zehn kleinen … na, Sie wissen schon. Ich habe es aus einem aktuellen Anlass umgedichtet. Bei mir heißt es nun …

ZEHN KLEINE BÄUMELEIN (LIED)

Zehn kleine Bäumelein, beinah ein kleiner Wald,
die waren in den besten Jahr'n und jedenfalls nicht alt.
Da fuhr irgendein B'soffener mit seinem Auto rein,
ihm ist zwar nix passiert, nur Bäume war'ns dann nur mehr neun.

Neun kleine Bäumelein gefielen manchem sehr,
und jemand dachte, dass da auch ein schöner Christbaum wär.
So waren es nach einer kalten Motorsägennacht,
wie man's auch zählen wollte, jedenfalls halt nur mehr acht.

Acht kleine Bäumelein, war'n ein beliebter Platz,
wo mancher in die Rinde schnitzte: *Mein geliebter Schatz.*
Bei einem Baum hat man das Schnitzen leider übertrieb'n,
er ward der Liebe Opfer, und drauf waren's nur mehr sieb'n.

Sieb'n kleine Bäumelein, die wurden nun geschützt,
mit einem großen Schild, dass man den Wald hier nicht benützt.
Beim Aufstell'n dieser Tafel ging ein Bäumchen leider ex,
man hat's nicht gleich gemerkt, aber drauf waren's nur noch sechs.

Aus sechs kleinen Bäumelein, das ist ja eh bekannt,
da wurden fünf und vier und drei, worauf auch noch verschwand

das Bäumchchen mit der Nummer zwei, das traf nämlich der Blitz,
und ehrlich g'sagt, ein Wald mit einem Baum, das ist ein Witz.

Auf dieses kleine Bäumelein kam's deshalb nicht mehr an,
als man mit Bauarbeiten für den Supermarkt begann.
Es ist das zehnte Rieseng'schäft, das dort im Umkreis steht,
und manches Mal frag ich mich schon, ob das hier wirklich geht.

Zehn große Supermärkte raufen sich herum,
mit fast demselben Angebot um's selbe Publikum.
Vielleicht, wer weiß, geht auch schon bald der erste wieder ein,
und dann ergeht's den Supermärkten wie den Bäumelein!

Es gibt Worte, die, wenn sie sich erst einmal in ein Gespräch eingeschlichen haben, kaum mehr rauszubringen sind. Dazu gehört auch das Füllwort …

PRAKTISCH

„Heast, kannst du mir erklären, was a Katalysator is?"

„Sicher kann i des! A Katalysator is praktisch beim Auto so a Dings für die Auspuffgase, damit's praktisch net so giftig san!"

„Des waß i a. Aber des is ja faktisch ka Erklärung!"

„Also, praktisch gengan die Auspuffgase da durch und hinten wieder ausse!"

„Des haßt, du hast faktisch a ka Ahnung!"

„Schau, an Laien wie dir kann i des praktisch schwer erklären! An Katalysator musst dir praktisch vorstellen wie a Röhrl! Wieso willst des überhaupt wissen?"

„Weil mei Mechaniker sagt, dass er faktisch hin is!"

„Wer?"

„Der Katalysator!"

„Na ja, da wird ma praktisch nix machen können!"

„Sag, fallt dir des net auf? Du sagst ja faktisch in jedem Satz praktisch!"

„Und du sagst praktisch dauernd faktisch!"

Ein dritter Mann kommt dazu und unterbricht die beiden.

„Meine Herrschaften, entschuldigen Sie, dass ich mich einmische. Faktisch und Praktisch sind in Wirklichkeit zwei überflüssige Füllwörter, die in Wirklichkeit gar nichts aussagen!"

„Des is halt praktisch so a Angewohnheit …"

„Das glaub ich Ihnen schon! Aber auf diese Weise geht unsere deutsche Sprache in Wirklichkeit zu Grunde!"

„Sic san faktisch a Deutschlehrer oder?"

„Nein, nein! Aber ich finde, dass in Wirklichkeit jeder ein bisserl aufpassen sollt, was er redt! Auf Wiederschaun, ich sollt in Wirklichkeit schon im Büro sein!"

„Na, des war vielleicht a Komiker. Der hat faktisch in jedem Satz *in Wirklichkeit* g'sagt!"

„Na ja, es gibt halt Leut, wos d' di praktisch nur wundern kannst!"

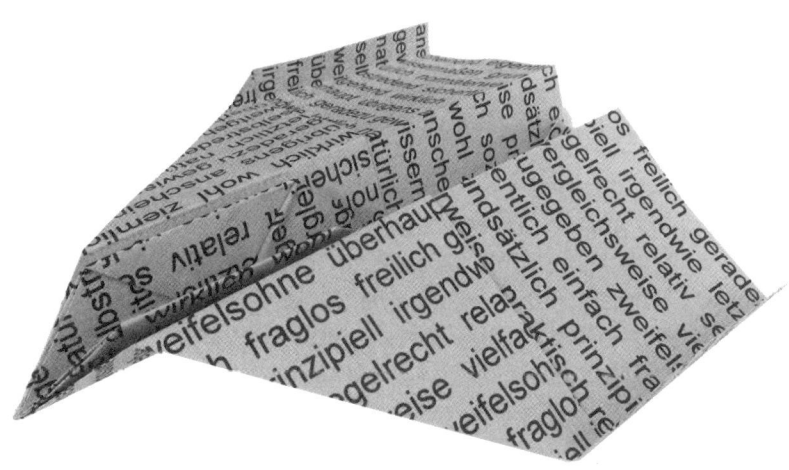

Denken Sie darüber was Sie wollen – wir haben zueinander ein recht ambivalentes Verhältnis …

HAIBUSCH UND ICH

Man bekommt ja mit der Post so viele Prospekte zugeschickt, aber ein kleiner Katalog ist mir über lange Zeit besonders aufgefallen. Die Firma Haibusch bot darin bügelfreie Hemden und bequeme Hosen an, aber ich probiere solche Sachen lieber in einem Geschäft und habe deshalb noch nie etwas bestellt.

Haibusch blieb aber hartnäckig. Alle vierzehn Tage bekam ich einen neuen Katalog, den ich zwar interessiert durchblätterte aber schließlich wegwarf. Ich gewöhnte mich an diese Prospekte, doch eines Tages war dem Heftchen ein Brief beigelegt. Die Firma teilte mir mit, dass sie traurig wäre. So lange hätte sie von mir schon keine Bestellung mehr bekommen (in Wahrheit noch nie) und deshalb würde sie mir nun nichts mehr schicken.

Meine Augen wurden feucht. Haibusch hatte recht. Ich war ein schlechter Mensch, aber was sollte ich tun? Ich brauchte ihre Angebote nicht, und durch diese beiderseitige Trauerphase mussten wir nun halt durch. Ich habe so etwas ja schon einmal mit einem holländischen Blumenzwiebelversand erlebt, und wir haben uns schließlich auch aus den Augen verloren. Nur manchmal zur Tulpenzeit kommt mir die Firma wieder in den Sinn, und ich fühle dann immer einen leichten Stich im Herz.

Ein halbes Jahr verging. Ich lebte so dahin, und plötzlich steckte er wieder im Briefschlitz: der neueste Katalog der Firma Haibusch. So, als ob zwischen uns nie etwas vorgefallen wäre. Man wollte es offenbar noch einmal mit mir versuchen!

Beinahe feierlich blätterte ich das Heftchen durch, und dann – ja dann – warf ich es doch wieder weg …

Egal ob es um Tiere, Berge oder Flüsse geht, die Natur-Dokumentationen im Fernsehen interessieren Groß und Klein. Heute sind wir …

IN DER SAVANNE

„Hallo, Kleiner!", sagte der Zebravater zum Zebrakind. „Du sollst dich nicht so weit von der Herde entfernen! Wir sind da in der afrikanischen Savanne und nicht im Safaripark!"

„Ich hab nur g'schaut!", antwortete das junge Zebra. „Und da hab ich was Komisches g'sehn … da hinten!"

Das große Zebra blähte die Nüstern, spähte in die Ferne und wieherte: „Ich halt's nicht aus! Da sind schon wieder die Leute vom Universum!"

„Außerirdische?"

„Aber … Menschen vom Fernsehen! Dokumentarfilmer!"

„Die filmen Dokumente?"

„Uns filmen sie! Wie wir fressen, wie wir uns fortpflanzen, von hinten und vorne und oben und unten!"

„Waren die denn schon einmal da?"

„Einmal? Die haben schon deine Urgroßeltern aufgenommen! Zuerst mit Film, dann mit der Videokamera und wieder später mit HD, es ist zum Davongaloppieren!"

In diesem Moment kam eine befreundete Antilope vorbei und fragte: „Hast ein Problem?"

Das Zebra schnaubte: „Ich? Wir alle haben eins! Die Dokumentarfilmer sind wieder unterwegs! Du kannst es gleich den anderen Tieren weitererzählen!"

„Aber vielleicht wollen die Filmfritzen diesmal nur Ameisen aufnehmen!"

„Ach hör doch auf! Die kommen bestimmt wieder mit irgendwelchen neuen Kamerarobotern – fahrenden Baumstämmen und so kindischem Zeug! Und wir sollen dann so tun, als würden wir den Schmäh nicht bemerken!"

„Mein Gott, lass Ihnen halt die Freude! Die haben sonst nix anderes im Kopf!"

„Was heißt Freude? Die machen mit uns fette Quoten, und wir haben einen Schmarren davon!"

„Was schlägst du vor?"

„Wenigstens einen Vertrag: Die Typen können meinetwegen eine Woche lang unser Privatleben filmen, aber dafür bekommt jedes Tier in der Savanne am Ende ein ordentliches Leckerli!"

„Hihi …!"

„Was lachst denn so deppert!"

„Weil du dann das Leckerli vom Löwen bist!"

Das Reisen in ferne Länder gehört zu den Lieblingsbeschäftigungen der Österreicher. Manchen Computer-Freaks genügt aber auch ein …

FLUGSIMULATOR

Kevin hat sich zu seinem 15. Geburtstag einen Flugsimulator schenken lassen, ein tolles Ding mit allen möglichen 3D-Effekten und superrealistisch. Und doch ist er jetzt nicht ganz glücklich damit.

Vergangene Woche hatte er am PC zum ersten Mal die virtuellen Motoren angeworfen. Ihr Geräusch, die Anzeigen auf den Instrumenten und der Ausblick aus dem Cockpit gaben Kevin das perfekte Gefühl, wirklich am Steuer eines Flugzeugs zu sitzen. Zur Übung wollte er zunächst einfach unter ganz normalen Wetterbedingungen von Wien nach Salzburg fliegen, aber dann kam alles anders.

Kurz nach dem Start, Kevin war gerade über Böheimkirchen, stand plötzlich seine Mutter im Zimmer. Sie zeterte irgendwas von einer Schularbeit, für die er lernen sollte, und der Sohn verlor für einen Augenblick die Konzentration.

Versehentlich drückte er auf irgendeinen Button und befand sich plötzlich inmitten eines Unwetters auf 10.000 Meter Flughöhe. Kevin erschrak. Wo war er da hingeraten? Hastig begann er im Handbuch des Flugsimulators nachzuschlagen, und nun wurde ihm erst klar, dass er eine zweimotorige Maschine mit 15 Passagieren steuerte.

Mehr durch Zufall fand Kevin den Knopf für den Bordlautsprecher. Er räusperte sich: *Sehr geehrte Fluggäste, hier spricht ihr Pilot. Es gibt keinen Grund zur Beunruhigung. Sobald ich im Handbuch die richtige Seite gefunden habe, geht unser Flug normal weiter. Bis dahin genießen Sie den Komfort unserer geräumigen Speibsackerln!*

Vielleicht war es ja möglich, während der Reise den Flugzeugtyp zu wechseln? Planlos stolperte Kevin durch das komplizierte Menü, drückte irgendwann einmal ‚OK' und sah plötzlich die Erde durch's Cockpitfenster als kleinen, blauschimmernden Ball: Er befand sich in einem Raumtransporter auf dem Weg zum Mars.

Anm. des Autors: Dahin ist er jetzt zwei Jahre unterwegs. Falls er wieder zurück kommt, werde ich Ihnen die Geschichte weitererzählen.

Der Mensch ist ein Gewohnheitstier. Gerade deshalb lautet das Gebot unserer Zeit …

SEI FLEXIBEL

Wie immer hab ich heut geparkt
das Auto vor dem Supermarkt.
Ich geh hinein und schau nicht viel,
weil ich ja weiß, was ich hier will:
nur Zahnpasta und ein Shampoo
und einen Duftspray für das Klo.
Doch wie ich aufblick, wird mir klar:
Hier ist nichts mehr wie's bisher war!
Die hab'n hier alles umgestellt,
die Zahnpasta, die ganze Welt!
Wo's bisher Bier gab, liegt Salat,
wo einst der Senf war, Schokolad!
Die Wurscht gibt's dort, wo früher stand
die Duftkosmetik an der Wand!
Na gut, ich sehe das schon ein,
man muss halt heut flexibel sein.
Drum lauf ich jetzt nicht blöd herum
und kauf statt Zahnpasta halt Rum!

Zu den Berufen, in denen besondere Flexibilität gefragt ist, zählt nicht zuletzt der Journalismus. Täglich muss er neue Sensationen bieten - das gehört zum …

REPORTERLEID

Es ist 22.10 Uhr, im Fernsehen läuft die Spätausgabe der Nachrichten. Heute geht es vor allem um das miserable Klima in der Koalition, und man wartet gespannt darauf, dass der Bundeskanzler noch im Laufe dieser Sendung das Ergebnis der Verhandlungen bekannt gibt.

Der Reporter steht mit seinem Mikrofon vor einer großen Tür im Kanzleramt und wird vom Moderator im Studio aufgefordert, etwas Sensationelles zu berichten. Er versucht es, obwohl er keinerlei Informationen hat:

„Durch diese Tür wird in wenigen Minuten jener Mann heraus kommen, der sich seit Monaten bemüht, diese Koalition fortzusetzen, während er sie gleichzeitig beenden will. Den ganzen Tag über ist beraten worden. Soll es Neuwahlen geben? Kommen personelle Veränderungen? Hat das Ganze überhaupt noch einen Sinn? Wir wissen es nicht. Aber gleich wird sich die Klinke dieser Tür bewegen, die Anfang des 18. Jahrhunderts von Lukas von Hildebrandt entworfen wurde …"

Der Reporter gibt zu verstehen, dass man jetzt nichts Weiteres berichten kann, doch der Studiomoderator muss die Sendezeit füllen und lässt nicht locker:

„Wie man hört, soll ja ein Verhandlungsteilnehmer kurz die Sitzung verlassen haben. Hat er vielleicht irgendwelche Hinweise gegeben, wohin sich die Gespräche entwickeln?"

„Also, ich habe das nicht selbst gesehen. Es wird aber berichtet, dass er es sehr eilig hatte und in Richtung der Sanitäranlagen lief. Außer einem „Jetzt nicht!" war ihm kein Kommentar zu entlocken."

Auch diesmal reichte dem Moderator die Auskunft des Live-Reporters nicht:

„Sie stehen direkt im Zentrum des Geschehens, wo auch viele andere Medienvertreter auf die Entscheidung warten. Gibt es so etwas wie eine allgemeine Einschätzung der Situation?"

„Also, es ist so, dass ich hier vor dieser Tür inzwischen ganz alleine warte. Vielleicht ist man der Meinung, dass heute sowieso nichts mehr passiert, oder … Moment … ich sehe gerade, dass am anderen Ende des Ganges Kamerascheinwerfer aufleuchten. Dort steht plötzlich eine Traube von Reportern, und … ich warte hier vor der falschen Tür …"

Von solchen Momenten muss man sich erst einmal erholen. Experten sagen, dass ein sogenanntes Powernapping sehr hilfreich ist. Hier ist die …

CHRONOLOGIE EINES MITTAGSSCHLÄFCHENS

13.03: Es war ein anstrengender Vormittag. Bald muss ich zu einem Auftritt fahren, und so lege ich mich genussvoll mit einer Decke auf die Wohnzimmercouch, um noch eine halbe Stunde zu rasten.

13.06: Mir fällt ein, dass ich in der Küche noch ein Glas Multivitaminsaft stehen habe.

13.08: Es wird mir klar, dass ich diesen Saft jetzt gerne trinken würde.

13.10: Ich denke kurz, dass es ja nicht gerade jetzt sein muss.

13.11: Durst hätte ich allerdings schon.

13.15: Ich strecke ein Bein über den Rand der Couch, um aufzustehen.

13.20: Ich ziehe das Bein wieder unter die Decke zurück, weil es da gemütlicher ist.

13.24: Meine Schätzung ergibt, dass es nur eine Minute dauern würde. Dann hätte ich das Glas ausgetrunken und wäre wunschlos glücklich.

13.27: Ich versuche, mich wenigstens ein paar Millimeter zu bewegen.

13.30: Die Versuche werden eingestellt. Ich muss ja sowieso gleich wieder aufstehen.

17.10: Scheiße!!!

Im Traum ist alles möglich. Da können sogar …

PFERDE FLÜSTERN

Ein Pferd auf der Koppel betrachtet nachdenklich einen Pferdeanhänger und sagt zum anderen: „Ich finde, wir Pferde haben in letzter Zeit doch echt Fortschritte gemacht. Früher mussten wir für die Menschen schwere Wägen ziehen, heute fahren wir bequem im Anhänger und werden von den Menschen gezogen!"

„Stimmt! Wir sind diesen Zweibeinern inzwischen eindeutig überlegen! Ein Pferd ohne Reiter ist immer noch ein Pferd. Aber ein Reiter ohne Pferd ist gar nichts!"

„Höchstens ein Sattelschlepper!"

„Sag einmal, gehörst du nicht diesem Rechtsanwalt?"

„Manchmal! Wenn ich sauber geputzt bin, gehöre ich seiner Frau, wenn es um einen Ausritt geht, seiner Tochter, nur wenn ich zum Tierarzt muss, gehöre ich ihm!"

„Ich weiß noch, was die Tochter damals nach ihrer ersten Reitstunde gesagt hat!"

„Was denn?"

„Ich hätte nie gedacht, dass ein Tier, das mit Heu gefüttert wird, so hart sein kann!"

„Süß! Der Anwalt wollte mit dir doch sogar einmal Springreiten?"

„Das will er jetzt nicht mehr. Nur weil ich damals höflich war!"

„Wie, höflich?"

„Wie wir ans erste Hindernis gekommen sind, bin ich kurz stehen geblieben und habe ihm den Vortritt gelassen!"

„Weißt du noch, wie er diesen komischen Typen geholt hat, der so leise gesprochen hat, dass wir ihn kaum verstanden haben?"

„Du meinst den Pferdeflüsterer. Der hat uns doch diesen Witz erzählt: Geht ein Mann zum Pferdehändler: *Ich hätte gern ein Pferd für meine Frau!* Sagt der Pferdehändler: *Tauschgeschäfte machen wir nicht!*"

„Na ja, ein typischer Hengstwitz halt! Den kannst du heute auch nicht mehr überall erzählen!"

Als Gott an jenem denkwürdigen sechsten Tag die Menschen erschuf, vertraute er ihnen alles an, was er vorher erschaffen hatte. Darunter befand sich nicht das Internet! Hätte es das von Anfang an gegeben, wäre Gott am siebenten Tag nicht zur Ruhe gekommen, sondern hätte sich nur geärgert. Dann wäre es nämlich sofort mit Kommentaren und Postings losgegangen, von …

ADAM UND EVA

Adam unter dem Pseudonym Obergscheit:

Was soll dieses Verbot, nicht vom Baum der Erkenntnis essen zu dürfen? Warum steht er dann in diesem sogenannten Paradies? Das ist entweder nicht durchdacht oder die reinste Provokation!

Eva postet unter dem Namen Weibsbild:

Wetten, dass ich jetzt dem Adam einen Apfel vom Baum holen soll? Damit er ihn essen kann und mir die Schuld in die Schuhe geschoben wird! Ich hab übrigens gar keine Schuhe und überhaupt nichts anzuziehen, das muss sich ändern!

Obergscheit:

Unter den Tieren, die wir uns hier untertan machen sollen, gibt es ein paar ausgesprochene Mistviecher! Diese Gelsen stechen wie verrückt, und es gibt natürlich im ganzen Paradies keinen Insektenspray!

Weibsbild:

Die Menschheitsgeschichte fängt ja gut an – Adam ist schlecht gelaunt! Und ich habe niemanden, mit dem ich das besprechen kann!

Obergscheit:

Eva ist herzlos und hat null Verständnis! Dieser Garten Eden ist personell krass unterbesetzt! Ein Mann alleine kann den gar nicht bewirtschaften!

Weibsbild:

Wer sagt denn, dass er alles allein machen soll? Mir traut er offensichtlich gar nichts zu!

Obergscheit:

Müssen sich Frauen überall einmischen?

Weibsbild:

Ich bin reif für die Insel! Es fragt sich nur, wo man in diesem Paradies Urlaub machen kann!

Obergscheit:

Ich brauch dringend ein paar Vitamine! Eva soll mir einen dieser angeblich verbotenen Äpfel geben – wer könnte uns hier schon vernadern?

Weibsbild:

So, jetzt schneid ich Adam diesen Golden Delicious auf, damit er endlich Ruhe gibt!

Der Rest der Geschichte ist bekannt.

Man meint *alle*. Aber so will man es nicht formulieren, denn viel besser klingt …

NEUN VON ZEHN

Neun von zehn Frauen empfehlen ein bestimmtes Haarshampoo!, hört man's in der Werbung immer wieder. Oder *Neun von zehn Zahnärzten empfehlen diese oder jene Zahncreme!*, zum Beispiel Strahlodent.

Das suggeriert eine statistische Umfrage, aber man sollte misstrauisch sein. Was bewegt diesen einen Zahnarzt, *nicht* für Strahlodent zu stimmen?

Weiß er etwas, das die anderen neun nicht wissen? War ihm als einzigem die Gage zu gering, um von Strahlodent begeistert zu sein? Oder hatte dieser Arzt seine Stimme zuvor schon einer Konkurrenzfirma gegeben? Hat man wirklich zehn Zahnärzte befragt oder ein paar tausend? Vielleicht auch nur einen, und der war nur zu 90 Prozent für Strahlodent?

Leider werden die Namen der am Test beteiligten Mediziner unter Verschluss gehalten, sonst könnte man vielleicht folgendes Interview führen:

„Herr Doktor, Sie haben Strahlodent getestet?"

„Nein!"

„Wer dann?"

„Meine Patienten! Ich habe jedem eine von den Probetuben geschenkt, die mir Strahlodent zur Verfügung gestellt hat!"

„Und?"

„Neun von zehn Patienten haben sich dafür bedankt!"

„Sonst war nichts?"

„Was soll gewesen sein? Der eine, der sich nicht bedankt hat, bekommt jedenfalls das nächste Mal keine Probetube mehr, egal von welchem Zeug!"

In diesem Kapitel wird's ein bisserl philosophisch. Was halten Sie von einem Menschen, der von sich behauptet, er wäre …

EIN LÜGNER

„Herr Mayer, das war eine interessante Geschichte, die Sie gerade erzählt haben!"

„Vielleicht! Aber ich muss Sie warnen: Ich lüge wie gedruckt!"

„Seit wann?"

„Immer schon! Als Kind hab ich meiner Mutter zum Beispiel erzählt, meine Englischschularbeit wäre die beste der Klasse gewesen. Dabei war's eine Mathematikschularbeit!"

„Das finde ich aber jetzt nicht gar so schlimm …"

„Vielleicht, wenn es wirklich so gewesen wäre. In Wirklichkeit hab ich auf diese Mathematikschularbeit aber ein Nichtgenügend bekommen!"

„Warum?"

„Weil ich zugegeben habe, einen Schummelzettel verwendet zu haben. Dabei war das gelogen. Ich habe von meinem Nachbarn abgeschrieben!"

„Stimmt das?"

„Natürlich nicht! Ich komm leider immer wieder in solche Schwierigkeiten. Gestern hab ich in einem Gasthaus zum Ober gesagt, ich hätte gern ein Seidel Bier, dabei wollte ich ein Achtel Wein. Ich habe gelogen!"

„Was hat der Ober gebracht?"

„Gar nichts! Gesagt hat er: Kommt sofort!"

„Das war vielleicht genauso ein motorischer Lügner wie Sie!"

„Notorisch heißt das!"

„Und das soll ich Ihnen glauben?"

„Hören Sie! Sie müssen mir helfen!"

„Wie denn?"

„Indem Sie mir eine Frage beantworten: Wenn ich sage, dass ich lüge, lüge ich dann, oder sage ich die Wahrheit?"

„Na, dann sagen Sie ausnahmsweise die Wahrheit!"

„Aber wenn ich die Wahrheit sage und behaupte, dass ich lüge, dann lüge ich doch!"

„Lieber Herr Mayer, Ihnen ist nicht zu helfen! Aber sollten wir auf der Erde jemals von Computern beherrscht werden, dann müssen Sie denen genau diese Frage stellen. Dann hängen die sich auf und die Menschheit ist gerettet!"

Ein Theaterabend kann noch so gelungen sein, am Ende steht oft ein …

PLÖTZLICHER AUFBRUCH

Das Theater war heute ausverkauft, denn man spielte das Boulevardstück *Die verflixte Sommernacht*. Alle paar Minuten nahm die Handlung eine unerwartete Wendung: Das süße Mädel gab sich als Ehefrau aus, der Freund erwies sich als betrogener Ehemann, dessen Gattin als Geliebte ihres Friseurs. Der war aber schwul und liebte in Wirklichkeit den Regisseur des Stücks, zumindest habe ich das so verstanden.

Tatsache ist: Als die Komödie auf ihren finalen Höhepunkt zusteuerte, stand ein Zuschauer auf und ging. Na ja, dachte ich, vielleicht hat auch er den Faden verloren, aber nachdem klar wurde, dass sich der betrogene Ehemann irrtümlich selbst betrogen hatte, brachen fast gleichzeitig ganze Menschentrauben auf und verließen den Zuschauerraum – auch die Frau neben mir. Ich fragte: „Warum gehen Sie?"

„Weil ich mich nicht zehn Minuten bei der Garderobe anstellen will! Gestatten?"

Ich bog die Knie zur Seite und ließ die Frau vorbei.

Nachdem sie weg war, erkundigte ich mich bei meinem Sitznachbarn auf der anderen Seite, ob er denn nicht ebenfalls zur Garderobe müsste.

„Nein!", sagte er. „Ich bin ohne Mantel gekommen, aber ich werde mich jetzt auch empfehlen. Man steht sonst eine halbe Stunde in der Tiefgarage, weil die dort nur einen einzigen Parkscheinautomaten haben!" Sprach's und verschwand.

So eine Unhöflichkeit gegenüber den Schauspielern, dachte ich.

Aber dann fiel mir auf, dass auch die Akteure auf der Bühne immer weniger wurden.

Zum Schluss blieb nur mehr der Friseur übrig, und der erzählte den Rest des Stücks ganz formlos und improvisiert. Ein paar Leute applaudierten, und der Schauspieler verneigte sich im Namen des heimgegangenen Ensembles.

Eine Billeteurin sah mir meine Ratlosigkeit an und erklärte: „Der, was den Friseur spielt, wohnt gleich neben dem Theater!"

Also, mein Entschluss steht fest. Das nächste Mal gehe ich spätestens zur Pause, dann bin ich in der Pole-Position!

Unter all den alten Filmen, die im Fernsehen immer wieder gezeigt werden, ist ein Dreiteiler ganz besonders oft zu sehen:

SISSI

Kaiser Franz Joseph bittet Katharina Schratt um ein weiteres Stück Gugelhupf. Den isst er am liebsten, wenn er in der Villa seiner Freundin zu Gast ist.

„Was macht denn Sisi?", fragt sie.

„Keine Ahnung!", antwortet Franz Joseph. „Sie ist schon wieder irgendwo in der Weltgeschichte unterwegs. Wenn ich sie sehen will, muss ich den Fernseher aufdrehen. Da läuft immer gerade irgendwo ein Sissi-Film …"

„Die sind aber auch gar so schön!", schwärmt Frau Schratt. „Ich schau einmal nach, wo sie ihn jetzt gerade spielen!"

Sie holt die Programmzeitschrift und wenig später sitzen der Kaiser und die Hofschauspielerin Seite an Seite vor der Flimmerkiste.

„Sisi erinnert mich immer ein bisserl an Romy Schneider!", bemerkt Frau Schratt.

„Deshalb habe ich sie wahrscheinlich auch geheiratet.", brummt Franz Joseph und putzt ein paar Gugelhupfbrösel von seiner Uniform. „Da kommt jetzt gleich die Szene, wo ich den kapitalen Hirschen schießen will und Sisi ausgerechnet in dem Moment niesen muss!"

„Weg is er, der Hirsch!"

„Und jetzt wird sie ihre Zither auspacken und das Mariandl spielen …"

„Majestät, das ist ein andrer Film!"

„Egal, es war jedenfalls sehr schön und hat mich damals sehr gefreut!"

Katharina Schratt lächelt. „Das sagen Majestät ja immer!"

„Nicht immer, meine Liebste … um Gottes Willen, was ist denn das? Was macht denn da die Familie Lutz mitten in unserer zarten Liebesgeschichte?"

„Das ist ein Werbeblock!", erklärt Frau Schratt. „Wir schauen leider gerade einen dieser Privatsender!"

„Mir bleibt doch nichts erspart!" seufzt Franz Joseph, steht auf und geht dorthin, wohin auch der Kaiser zu Fuß geht.

Wer eine Nachricht möglichst weit und schnell verbreiten will, der versieht sie am besten mit der Verschwiegenheitsformel …

DAS BLEIBT UNTER UNS!

Gaby: „Übrigens Susi, was i dir noch sagen wollt: Die Irmi is schwanger! Aber des bleibt unter uns!"

Susi: „Klaus, hast schon g'hört? Die Gaby sagt, dass die Irmi schwanger is! I bin ganz fertig! Aber gell, des bleibt unter uns!"

Klaus: „Servas Hanni! Die Susi sagt, die Gaby meint, dass die Irmi a Kind kriegt. Aber des bleibt unter uns!"

Hanni: „Alex, dass i net vergiss: Die Irmi is angeblich schwanger!"

Alex: „Wer is die Irmi?"

Hanni: „Keine Ahnung. Aber der Klaus waß es ganz sicher von der Susi, der's die Gaby derzählt hat. Aber waßt eh, des bleibt unter uns!"

Alex: „Petra, bei uns is gar nix los. Außer vielleicht, dass a gewisse Irmi schwanger is. Des hat irgend a Gaby einer Susi derzählt, die Susi an Klaus, der Klaus der Hanni und die Hanni mir! Aber des bleibt unter uns!"

Petra: „Hallo Irmi! Was hör i da? Du bist schwanger?"

Irmi: „Wer sagt des?"

Petra: „Na alle! Wir san schon ganz aufgeregt! Aber des bleibt unter uns!"

Als akademischer Titel ist er in Österreich erst seit ein paar Jahren gebräuchlich, der …

BACHELOR

Wenn auf den Visitenkarten früher Prof., Dr., Dipl.Ing. oder Mag. stand, wusste man, dass man einen Professor, Doktor, Diplomingenieur oder Magister vor sich hatte. (Ich kann mich noch erinnern, dass ich den Magister einst etwas seltsam fand, weil ich darunter immer einen Apotheker verstanden hatte, aber das ist schon lange her.)

Heute ist man auch B. oder M., womit Bachelor und Master gemeint ist, aber das hat sich umgangssprachlich noch nicht so richtig durchgesetzt. Oder haben Sie schon einmal gehört, dass der Ober im Kaffeehaus jemanden mit „Habe die Ehre, Herr Betschelor!" oder „Küss die Hand, Frau Masta begrüßt hätte?" Unter einem Bachelor können sich viele eben noch immer nichts Konkretes vorstellen, und ein Master ist in Österreich zunächst immer noch ein geprüfter Handwerker. Wenn der Kellner also einen Herrn Masta begrüßt, meint er damit vielleicht den Installateur, der in der Küche des Lokals den Wasserhahn reparieren soll, nicht aber einen eintretenden Akademiker.

Na gut, man wird sich an B. und M. gewöhnen, aber die sonstigen Abkürzungen auf den Visitenkarten dürften den Uneingeweihten noch länger rätselhaft bleiben.

Spricht man mit einer Akademikerin, wenn man einer MLBT vorgestellt wird? Ja, denn sie ist ein Master of legal and business aspects in technics, hat also den Master für Recht und Wirtschaft für Techniker gemacht. Oder handelt es sich bei einem Bakk.rer.soc.oec. um einen Hochstapler? Nein, denn er ist ein Baccalaureus der Sozial- und Wirtschaftswissenschaften.

Unlängst hat mir eine junge Dame ein Kärtchen überreicht, auf dem stand hinter dem Namen DLNOT. Auf meine höfliche Nachfrage übersetzte sie es mir: Derzeit Leider Noch Ohne Titel.

Trotzdem muss ich sagen, es schaut gut aus.

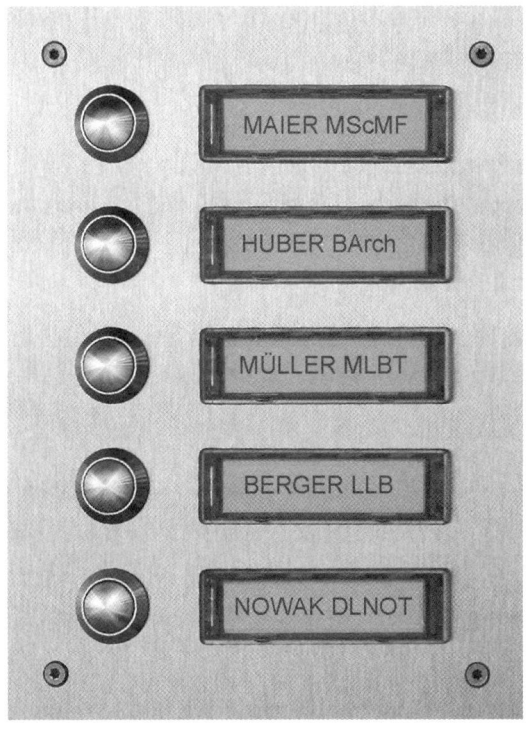

Er ist ein ganz und gar unlustiges Verbrechen und gehört trotzdem zum Standardrepertoire des Kabaretts, der …

BANKÜBERFALL

Es war wie im Film, nur verkehrt herum. Eine Frau mit Strumpfmaske und Pistole stürmte in die Bank, knallte ein rosarotes Sparschwein auf den Schaltertisch und rief:

„Einzahlen oder ich schieße!"

Dann zog sie auch noch ein Sparbuch aus ihrer Einkaufstasche und legte es dazu. Irgendjemand rief: „Hilfe, Bankeinzahlung!", doch der Mann am Schalter blieb cool. Ohne auch nur einen Finger zu rühren sagte er:

„Ich mache Sie darauf aufmerksam, dass wir für Hartgeldeinzahlungen eine Gebühr verrechnen müssen!"

„Keine Macken, die können Sie meinetwegen abziehen!"

„Hören Sie, die Sparzinsen sind jetzt ausgesprochen ungünstig! Praktisch null, bei einem täglich behebbaren Sparbuch wie Sie es haben!"

„Dann eröffne ich eben ein neues Sparbuch, mit einjähriger Bindung!"

„Haben Sie mich nicht verstanden? Wir wollen ihr Geld nicht!"

„Sie werden jetzt sofort meine sauer ersparte Kohle nehmen!"

„Tut mir leid! Unsere Tresore sind voll! Die Europäische Zentralbank borgt uns das Geld zum Nulltarif, da werden wir uns nicht die Arbeit mit euch kleinen Sparern antun!"

„Ich bin ein kleiner Sparer? Wenn ich wollte, könnte ich hier zehntausend Euro einlegen!"

„Dann rufe ich die Polizei!"

„Die Bullen werden ihr Kleingeld auch irgendwo parken müssen!"

„Solange sie bei uns ihr Gehaltskonto haben …!"

Die Bankeinzahlerin fuchtelte wild mit ihrer Pistole herum.

„Dann geben Sie mir sofort ein Girokonto inklusive Bankomat- und Kreditkarte, oder ich geh in eine andere Bank!"

„Warum sagen Sie das nicht gleich? Für unser Girokonto verrechnen wir im Jahr nur 60 Euro, da ist das Online-Banking dann auch schon inklusive. Sie erledigen die Arbeit unserer Bank bequem von zu Hause aus oder in der Selbstbedienungszone im Foyer und müssen uns nicht mehr auf die Nerven fallen!"

„Ich zahle doch keine 60 Euro, damit ich die Arbeit dann selber mache!"

Richtig wütend zog sich die Bankeinzahlerin die Strumpfmaske vom Kopf und rief: „Ihr Hunde! Diese Maske verwende ich ab sofort als Sparstrumpf!"

Als die Frau draußen war, sagte der Bankangestellte zu seinem Kollegen: „Diese Würstchen, die uns ihr Geld andrehen wollen, werden doch wirklich immer unverschämter!"

Überall trifft man Menschen, die sich nach Orientierung sehnen. Sie suchen nach dem rechten Weg, doch in Wahrheit oft nur nach bequemer …

SELBSTBESTÄTIGUNG

Anzeige unter ‚Diverses Personal‘

„Suche Lebens- und Gesundheitsberaterin, die mir überzeugend erzählt, dass ich mich genau auf dem richtigen Lebensweg befinde, in der Vergangenheit alles richtig gemacht habe und hochtalentiert bin, um auch alle zukünftigen Aufgaben spielend zu meistern. Sie soll mir sagen, dass ich völlig fit bin und bei bester Gesundheit hundert Jahre alt werden kann. Sie muss mir glaubhaft versichern, dass alle Unannehmlichkeiten, die ich in meinem Leben bisher gehabt habe, von anderen verursacht wurden und mich völlig zu Unrecht getroffen haben. Ich erwarte weiters, dass sie meine Meinungen über Mitmenschen, die Vorgänge in unserer Gesellschaft und überhaupt die ganze Welt absolut richtig findet.

Nicht erwünscht sind Beraterinnen, die meinen, dass ich an meinem Leben irgendetwas ändern sollte. Bewerbungen unter ‚Ich bin ich‘ an meinen Facebook-Account.

Entscheidungen zu treffen, fällt oft wirklich schwer. In alten Zeiten gab's da einen geheimnisvollen Ort, an dem man sich beraten lassen konnte:

DAS ORAKEL

Ein Mädchen fragt sich innerlich:

Wär dieser Typ ein Mann für mich?

Sie denkt so hin und denkt so her,

es fällt ihr die Entscheidung schwer.

Da fasst sie endlich den Entschluss,

dass das Orakel helfen muss.

Sie geht zur Quelle tief im Wald

und kriegt die Antwort auch schon bald:

„Oh Mädchen, höre den Appell,

vergiss den Trottel, aber schnell!"

Und was macht unser Fräulein dann?

Sie heiratet trotzdem den Mann,

um es schon bald drauf zu bereu'n!

(Jetzt wünscht sie sich schon einen Neu'n)

Und das Orakel spottet noch,

wenn sie vorbeikommt an dem Loch,

ganz ohne, dass man's danach fragt:

„Ich hab's dir g'sagt, ich hab's dir g'sagt!"

Wenn man zu Mittag einen bestimmten Wiener Beserlpark besucht, dann kann man ihn dort erleben, den …

STREIT UM DIE PARKBANK

„Entschuldigen, Sie sitzen auf mein Platz!"

„Wie i kommen bin, war da frei!"

„Ja, aber nur deshalb, weil i kurz aufg'standen bin und mei Wurstsemmelpapierl in Kübel g'schmissen hab!"

„Tuat ma lad, bei die Parkbankeln gibt's kane Reservierungen!"

„I sitz aber immer da!"

„Jetzt net!"

„Frechheit!"

„Nehmen S' doch drüben des andere Bankel! Da wär grad frei!"

„Des is ma zu nah beim Kinderspielplatz!"

„Ham S' leicht was gegen Kinder?"

„I brauch a Ruah, weil i mi in der Mittagspause erholen will!"

„Des können S' ja! Aber net auf diesem Bankerl! Da is nämlich scho mei Mutter g'sessen und hat mi im Kinderwagen g'hutscht!"

„Und mei Vater war der Obmann vom Verschönerungsverein, was des Bankel aufg'stellt hat!"

„Verschönert wird der Park aber net, wenn Sie da sitzen!"

„Stengan S' jetzt bitte auf?"

„Von mir aus! Mei Mittagspause is eh grad vorbei!"

„Meine leider a!"

„Sowas Deppert's! Jeden Tag des selbe Theater!"

Die Anschaffung eines neuen Möbelstücks ist grundsätzlich eine erfreuliche Sache. Nicht immer jedoch die …

SCHRANKMONTAGE

Gaby und Walter haben sich einen Schlafzimmerschrank mit Schiebetüren gekauft. Schwebetürschrank nennt man sowas, doch vom Schweben konnte zunächst keine Rede sein. Der Weg vom Möbelmarkt bis nach Hause kostete viel Mühe und löste eine Diskussion darüber aus, ob es nicht vielleicht besser gewesen wäre, sich den Kasten liefern zu lassen. Na ja, für's nächste Mal muss man sich das halt merken.

Nun aber lagen die Kartons im Wohnzimmer, und Walter begann mit dem Auspacken.

„Bitte lies doch erst einmal die Bauanleitung, bevor du anfangst!", sagte Gaby.

„Sowas ist doch nur für Idioten! Wer halbwegs handwerklich begabt ist, weiß auf den ersten Blick, wie das Zeug zusammengehört!", murmelte Walter, während Gaby die Beschreibung auseinanderfaltete. Und sie begann laut zu lesen:

„Für die Montage benötigen Sie nur den beigepackten Inbusschlüssel und eine Person, die Ihnen behilflich ist. Es wird aber dringend empfohlen …"

„Kannst du mir dieses Brett halten, statt den Blödsinn vorzulesen? Das da ist die linke Seitenwand!" (Es war die rechte).

Das Brett, das Walter als Decke bezeichnete, entpuppte sich nach einer Weile als Boden. Aber das war noch kein Problem. Auch dass Walter den Kasten wieder auseinander nehmen musste, weil er auf die Sockelblende vergessen hatte und Gaby einmal kurz seufzte, hätte noch keinen Streit ausgelöst. Aber das gemeinsame Einhängen der schweren Schiebetüren war für die beiden dann doch zu viel.

„Zwei Zentimeter rauf!", befahl Walter, der mit rotem Kopf die linke Seite hielt, während Gaby die Rollen auf ihrer Seite schon in der Schiene hatte.

„Bei mir passt's aber!"

„Dann häng's noch einmal aus!"

„Bitte, wenn du glaubst …"

Die Tür pumperte auf den neuen Boden und hinterließ einen kleinen Krater.

„Hab ich was von loslassen gesagt?"

„*Du* hast doch loslassen!"

Eine Stunde später waren die Schranktüren trotz allem montiert. Walter saß mit einem Bier schweigend vor dem Fernseher, während Gaby wütend die Verpackungskartons ins Vorzimmer trug. Dabei fiel ihr noch einmal die Bauanleitung in die Hände. Was sie vorhin nicht zu Ende gelesen hatte, lautete: … *es wird dringend empfohlen, den Schrank nicht gemeinsam mit ihrem Lebenspartner oder ihrer Partnerin zu montieren, sondern mit einem Menschen, der Ihnen persönlich nicht allzu nahesteht!*

Die österreichische Umgangssprache eignet sich hervorragend dazu, die harte Wirklichkeit möglichst sanft zu vermitteln. Da gibt's zum Beispiel die beruhigende Redewendung …

SCHAU MA AMOI (LIED)

„Herr Master, seit Wochen is mei Armbanduhr
bei Ihnen jetzt da schon zur Reparatur!
I will ja net drängen, doch was sagen Sie,
geht des jetzt no auf Garantie?

Und wann darf i rechnen, dass ich's wieder hätt,
i kumm ohne Armbanduhr überall z'spät!"
Der Uhrmachermeister schaut mich freundlich an
und sagt mir ganz ernsthaft sodann:

„Schau ma amoi, und dann wer ma scho sehn,
weil erst wenn ma schaut, kann ma was überleg'n!
Da g'hört amoi g'schaut, und so ganz im Vertrau'n,
dann wird ma ja sehn, und dann wer ma glei schaun!"

Dic Mutter spricht wieder einmal mit ihr'm Sohn,
der is schon bald dreißig Jahr alt, doch er wohnt
noch im Hotel Mama und tut nix als nur
Computerspiel'n wie a klaner Bua!

„Das geht so nicht weiter, du suchst dir jetzt glei
a Frau und a Wohnung, des kann do net sei,
dass du des net schaffst auf die eigenen Füß!"
Der Sohn aber sagt nur ganz süß:

„Schau ma amoi, und dann wer ma scho sehn,
vielleicht wenn ma schaut, tut sich irg'ndwas ergeb'n!
Da g'hört amoi g'schaut, 's is halt schwer mit die Frau'n,
dann wird ma ja sehn, und dann wer ma glei schaun!"

„Ganz witzig, des Liad!", sagt wer im Publikum.
„Des is echt a ewiges Schaun umadum!
Nur fall'n Ihnen sonst kane Strophen mehr ei?"
I sag: „Bitte sehr, bitte glei!"

„Schau ma amoi …

Naja, das kennen wir ja jetzt schon. Ich würde sagen: Auf wie-
derschauen, und schauen S' wieder einmal vorbei! Dann werden S' schön schauen!"

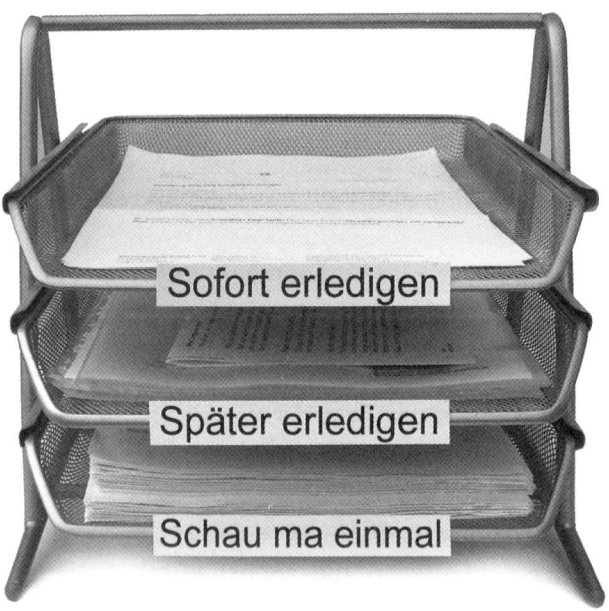

Es liegt momentan im Trend, dass sich kleinere Regionen von größeren staatlichen Einheiten lösen wollen. Jeder wäre ja so gerne …

UNABHÄNGIG

Zwei Männer sitzen beim Heurigen.

„Kurtl, a wenn des net alle hören woll'n – die Engländer ham scho recht mit Ihnern Brexit!", sagt Walter.

„Was i immer sag! Wann ma was weiterbringen will, derf ma si von die anderen nix dreinreden lassen!"

„Genau! Weil die andern san eben anders. Deswegen haßen s' ja so!"

„Am ärgsten is, wenn's a no anders ausschaun und anders red'n!"

„Unser Österreich solltert sich an England a Beispiel nehmen und a wieder richtig unabhängig werden, von der EU und so!"

„Dazu müssten aber dann die ganzen richtigen Österreicher z'sammhalten, und i waß net, ob des mit alle Bundesländer möglich is!"

„Des kannst eh vergessen, alle wolln S' ihre Extrawürschtln! I sag da was: *Niederösterreich* solltert si selbstständig machen!"

„Superidee! Aber alle Landesviertel?"

„Na ja, eigentlich nur des Industrieviertel, wo mir da san!"

„Obwohl zwischen an Neustädter und an Badener scho a ziemlicher Unterschied is!"

„Des haßt?"

„Baden muss allanich unabhängig sein!"

„Manst du jetzt Baden unter der Südbahn oder oberhalb?"

„Na oberhalb! Also praktisch der erste Bezirk. Da war eh schon früher a Stadtmauer rundumadum!"

„Bitte, da wohnen aber leider a paar Leut, was i net unbedingt brauch!"

„Du manst aber jetzt hoffentlich net mi?"

„Also, wennst mi so fragst, is ma natürlich die eigene Familie am wichtigsten ... obwohl ... a net alle!"

„Kurtl sag's glei, du willst ganz allanich unabhängig sein! Und alle anderen san Trotteln!"

„Entschuldige Walter! Die Wahrheit wird ma doch wohl no sagen dürfen!"

Die Wirtschaft ist inzwischen schon sehr einfallsreich geworden, wenn es darum geht, für ihre Produkte Werbung zu machen. Ich präsentiere hier eine neue (aber vielleicht ohnehin schon irgendwo realisierte) …

WERBE-IDEE

„Stell dir vor, da sitz i unlängst vor'm Fernseher und schau mir auf an privaten Kanal an Film an, der im Original 90 Minuten dauert aber durch die ganze Werbung erst um Mitternacht aus is. Und plötzlich hab i a neue Geschäftsidee!"

„Was?"

„Die Telefon-Unterbrecherwerbung!"

„Wie?"

„Also, ich ruf dich zum Beispiel an und sag: Servas Anton, wie schaut's aus? Gemma wieder einmal auf a Bier?"

„Und?"

„Die Software erkennt des Wort BIER und spielt die passende Werbung ein. Zum Beispiel: *Pling! Fassl-Bräu – Das Bier für den feuchtfröhlichen Abend!"*

„Echt?"

„Dann sagst du zum Beispiel: Superidee! Wir ham uns eh schon lang nicht GESEHEN! *Pling! Dioptrien-Otto – Der Optiker für den klaren Durchblick!"*

„Oag!"

„Drauf sag i wieder: Ich muss dir von meinem neuen Auto erzähl'n! Verstehst? AUTO!"

„Pling?"

„Genau! *Pling: Der neue Merde Special – freie Fahrt bis zum nächsten Mechaniker!* Du sagst jetzt: Für ein neues Auto hab ich kein GELD!"

„Wieso?"

„Nur angenommen! Die Software vom Telefon hört GELD und spielt sofort den nächsten Spot: *Pling! Risika – Die Bank für Ihren persönlichen Bankrott!*"

„Öha!"

„Des is doch a Wahnsinnsidee! … Warum redst'n nix?"

„Was soll i viel reden? Bevor i no was sag, spielst du ja scho die nächste Werbung!"

Tiere beherrschen zwar nicht die menschliche Sprache, aber wenn es darum geht, ihre Wünsche zu erfüllen, sind sie gar nicht ungeschickt! Eine zum Beispiel sehr wirksame Verständigungsmethode ist der …

HUNDEBLICK

Unser Hund ist ein wohlerzogenes Tier. Betteln gibt's bei ihm gar nicht. Er weiß, dass er sein Fressen am frühen Nachmittag bekommt und Schluss.

Das heißt – nicht ganz. Bellos Nahrungsaufnahme setzt nämlich eine in seinem Inneren eingebaute Zeitbombe in Gang, und das bedeutet, dass man spätestens 30 Minuten nach dem Fressen mit ihm spazieren gehen muss.

Na ja, unlängst stellt mir meine Frau Bellos gefüllten Futternapf auf die Küchenkredenz und sagt: „Ich muss jetzt einkaufen fahren. Gib dem Hund sein Fressen aber nicht vor drei. Du solltest nämlich mit deiner Erkältung nicht nach draußen gehen, und ich bin erst um halb vier wieder zurück. Dann dreh ich gleich mit ihm eine Runde!"

Also, sie fährt weg, ich braue mir einen Hustentee und setze mich an den Küchentisch. Da erblicke ich durch den dampfenden Tee hindurch, unmittelbar vor mir, ein paar große Hundeaugen. Mir ist gleich klar, was das bedeutet: Bello hat mitbekommen, dass auf der Kredenz sein Schüsserl steht und wartet darauf, dass ich es ihm gebe.

Ich sage: „Wartabissi! Du kriegst dein Fressi erst in eineinhalb Stundi!"

Bello versteht mich nicht, glaubt mir nicht oder will es nicht wahr haben, jedenfalls sitzt er weiterhin stumm vor dem Küchentisch und durchbohrt mich mit seinem Blick, der die Intensität der ganzen 100.000 Jahre alten Partnerschaft von Mensch und Hund enthält.

Ich reagiere nicht. Es geht mir aber trotzdem auf die Nerven, und so schalte ich den Fernseher ein: Da sind gerade die Gilmore Girls zu sehen – und im Augenwinkel ein penetranter Hundeblick von Bello.

Das lasse ich mir nicht bieten und wende mich einem Baumarktkatalog zu, der heute mit der Post gekommen ist: Interessante LED-Lampenaktion – mit Hundeblick, diesmal unter dem Tisch hervor. Ich flüchte ins Klo. Wie ich die Tür nach 20 Minuten wieder aufmache: Hundeblick – extra schweigend. Jetzt springe ich ins Bett und ziehe mir die Tuchent über den Kopf. Meine ohnehin schon erhöhte Körpertemperatur steigt auf über 39 Grad. Ich strample die Decke weg: Hundeblick!

Was soll ich noch lang erzählen … natürlich hab ich Bello jetzt seinen Futternapf gegeben, und er hat pünktlich eine halbe Stunde später ins Wohnzimmer gekackt. Ein paar Minuten bevor meine Frau nach Hause gekommen ist.

Untereinander können die Menschen natürlich sehr gut kommunizieren, vorausgesetzt sie sind …

VERSTÄNDNISVOLL

„Herr Nachbar, was machen S' denn da?"

„Heckenschneiden!"

„Na gengan S' …"

„Was soll i tuan? Die Hecken macht ma zu vü Schatten!"

„Für mi is' halt a Super-Sichtschutz, wenn i auf der Terrassen sitz …"

„I schau eh net umme!"

„Aber versetzen S' Ihnen doch amoi in mei Situation!"

„Ernsthaft?"

„Schau'n S', wenn *ich* mich in *Ihre* Lage versetz, is des völlig logisch, dass die Hecken z'hoch is. Sie hab'n ja drüben die reinste Sonnenfinsternis!"

„Richtig! Und wenn i ehrlich bin, versteh i natürlich auf der anderen Seiten, dass *Sie* net in der Auslag sitzen woll'n. Allerdings tät i an Ihrer Stell dann a mein Nachbarn verstehn! Also quasi mi selber …"

„I hab damit a gar ka Problem, dass i mi versteh, wenn i mi in Ihr Lage versetz. Und damit könnt die Hecken a so bleiben wie's is!"

„Aber wenn i des richtig versteh, verstengan *Sie mi* ja a …"

„Natürlich! Dazu müsst i mi aber erst in mei eigene Lage versetzen und des so sehn wie Sie! Nur wenn Sie in dem Moment *meiner* Meinung san, dann hamma wieder a Problem!"

„Also, was mach ma?"

„I sag Ihnen was: Am einfachsten wird sein, Sie schneiden die Hecken z'samm, und i bin beleidigt! Sonst kenn ma uns vor lauter Verständnis am End überhaupt nimmer aus!"

Es klingt verrückt und ist auch nicht falsch zu verstehen: Ich habe meinen alten Zahnarzt mit einem jüngeren …

BETROGEN

Die Geschichte begann damit, dass ich dringend einen Zahnarzt brauchte. Mein lieber alter Doktor Bohrlich hatte leider Urlaub, also nahm ich den nächstbesten, der gerade Dienst hatte.

Ein gewisser Doktor Füllstein stellte sich als außerordentlich kompetenter und einfühlsamer Mediziner heraus. Ich beschloss, ihn zu meinem neuen Leibzahnarzt zu machen, und die Geschichte fand insofern ein gutes Ende.

Bis mir eines Tages auf der Straße mein Ex Doktor Bohrlich entgegen kam. Wir begrüßten uns freundlich, und er sagte: „Na, jetzt waren S' aber schon lang nicht mehr bei mir! Wie geht's denn dem Vierer links oben? Den sollt ma uns bald einmal anschauen!"

„Danke der Nachfrage!", antwortete ich. "Den spür ich momentan gar nicht …" (kein Wunder, Füllstein hatte ihn mir ja inzwischen gerissen). Unwillkürlich versuchte ich nicht zu sehr zu lächeln, damit die Lücke nicht sichtbar wurde.

„Na dann, alles Gute!" sagte Bohrlich. „Aber kommen Sie lieber zu früh als zu spät!"

„Bestimmt! Jedenfalls ist es ganz reizend, dass Sie sich um meinen Vierer solche Gedanken machen!"

Doktor Bohrlich lachte. „Ist doch selbstverständlich! Wir sind ja inzwischen sowas wie gute alte Freunde!"

Das war ein Schlag in die Magengrube. Ich hatte meinen Zahnarzt mit einem Kollegen betrogen. Aber bitte, ich war ja nicht mit ihm verheiratet und würde ihn wohl nicht so bald wiedersehen.

Aber schon nach einer Woche begegnete er mir erneut. Ich saß mit meiner Familie im Eissalon und das Ehepaar Bohrlich zwei Tische weiter. Wir begrüßen einander mit einem kleinen Winken, und dabei hatte ich das Gefühl, als deutete er dabei auf seinen Vierer links oben.

Keine Ahnung wieso, aber ab nun schien Doktor Bohrlich allgegenwärtig zu sein: im Kino, am Badeteich und beim Friseur. Ich traute mich schon kaum mehr auf die Straße, und schließlich erschien er mir auch im Traum.

Ich erwachte mit Zahnschmerzen, ging zu Doktor Füllstein, und wer, glauben Sie, wer saß da im Wartezimmer? Doktor Bohrlich!

Er grüßte so freundlich wie immer und sagte: „Da trifft man sich wieder! Doktor Füllstein ist ja ein sehr guter Arzt. Seit ich vor einem halben Jahr in Pension gegangen bin, ist er bestimmt der beste in der Stadt!"

Dr.med.

Ferdinand Füllstein

Zahnarzt

Mo - Fr 9.00 - 12.00 und 15.00 - 18.00
also praktisch eh immer

Was passiert, wenn sich ein Arzt und eine Ärztin ineinander verlieben? Da kommt es doch bestimmt zu einer ganz speziellen …

LIEBESERKLÄRUNG

„Ich liebe dich!"

„Du meinst, Hormone und Botenstoffe verknüpfen in deinem Gehirn meinen Anblick mit Glücksgefühlen?"

„Ja, ich spür deutlich, wie mein Belohnungszentrum aktiviert wird! Und ich hoffe, dass auch deine Hirnanhangsdrüse Oxytocin ausschüttet!"

„Das tut sie!"

„Wunderbar!"

„Du hast Medizin studiert?"

„Ja, damit ich es verstehe, warum Vasopressin jetzt für eine stärkere Durchblutung meiner Genitalorgane sorgt!"

„Weißt du übrigens, dass Testosteron auch für Frauen wichtig ist? Es sorgt bei dir und mir für den sexuellen Antrieb!"

„Ich hab es gleich bemerkt, dass wir etwas gemeinsam haben!"

„Ein Testosteronmangel würde auch bei mir zu einem Nachlassen des sexuellen Verlangens führen!"

„Das ist aber nicht der Fall, oder?"

„Nein! Ich würde dich jetzt gerne küssen! Bei einem zehn Sekunden dauernden Kuss werden ungefähr 80 Millionen Bakterien übertragen."

„Ich weiß!"

„Tun wir's doch! Wir stärken damit unser Immunsystem."

„Aber ich hoffe, du bist kein unsicher-ambivalenter Bindungstyp?"

„Sei ohne Sorge! Ich bin durchaus imstande, eine stabile Partnerschaft zu führen, weil ich schon als Säugling sicher war, dass meine Mutter mich nicht alleine lässt!"

„Psychologie hast du auch gemacht?"

„Ja, ich unternehme gerade einen emotionalen Selbstversuch!"

„Dann …"

„Ja?"

„Lass uns doch gemeinsam eine Praxis eröffnen!"

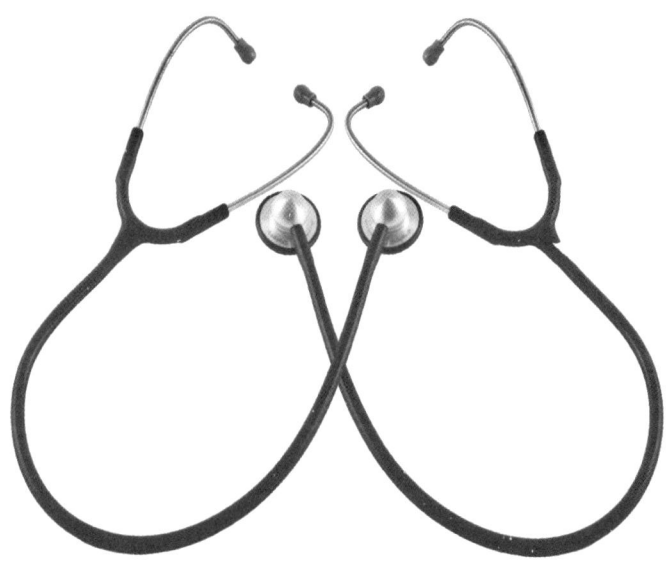

Liebe bedeutet nicht nur Glück und Lust, sondern auch die Gefahr, etwas zu erleiden. Man muss sich plötzlich neue …

SORGEN MACHEN

Walter machte sich immer schon bei jeder Gelegenheit Sorgen – wegen seiner Gesundheit, der Finanzen, der allgemeinen Weltlage und so gut wie allem anderen auch. Wenn er eine Partnerin hätte, käme er auf andere Gedanken, dachte er.

Und tatsächlich: eines Tages lernte er Susi kennen und machte sich ab sofort nicht nur um sich selbst, sondern auch um Susi Sorgen. Natürlich war es schön, dass sie sich nun um viele Dinge gemeinsam sorgten, aber insgesamt hatten sich Walters Sorgen schlicht und einfach verdoppelt.

Bald bekamen Susi und Walter zwei Sorgenkinder. Die waren zwar gesund und lebhaft, aber gerade deshalb machte sich Walter Sorgen, denn sie konnten ja jeden Moment die Stiegen runterfliegen oder sich am Backrohr die Finger verbrennen.

Irgendjemand sagte: „Kleine Kinder – kleine Sorgen, große Kinder – große Sorgen!", und damit erwachte eine neue Sorge. Sie war durchaus berechtigt, denn bald wurde Walter vor jeder Mathematikschularbeit seines Sohnes selbst schlecht, und er bekam Schweißausbrüche, wenn seine Tochter mit ihrem Freund auf dem Moped fuhr.

Worum hatte er sich eigentlich Sorgen gemacht, als er noch alleine war? Sorgenvoll betrachtete er im Spiegel seine immer deutlicher werdenden Sorgenfalten und ging schließlich zu einer Psychotherapeutin.

Nachdem er ihr seinen Zustand geschildert hatte, sagte sie: „Sie machen mir Sorgen!"

Walter zuckte zusammen und murmelte: „Das tut mir leid …"

„Wissen Sie, worin Ihr Problem besteht? Sie führen im Grunde ein sorgenfreies Leben und machen sich Sorgen, weil das jederzeit anders werden könnte!"

„Also, in meinem Fall wäre es besser, wenn ich mehr Sorgen hätte?"

„Sozusagen!"

„Dann sage ich herzlichen Dank! Ich habe mir schon Sorgen gemacht, es wäre was Ernstes!"

Lärm wird sehr unterschiedlich wahrgenommen. Was zum Beispiel junge Eltern gar nicht so stört, ist für Außenstehende oft ein Albtraum:

BABYGESCHREI

Im Kinderwagerl heut im Park,
da schrie ein Baby ziemlich stark.
Die Mutter schob es hin und her,
doch nützte das nicht wirklich sehr.
Ihr Kind gab einfach keine Ruh,
und drei, vier Leute schauten zu –
am Bankerl vor dem Löwenzahn
und fingen bald zu zischen an:
„So einen Wirbel", sagten sie,
„gab's hier im Park bisher noch nie!
Ein Kind, das so die Ruhe stört,
das ist doch wirklich unerhört!"
„Man schau sich nur die Mutter an,
die nicht mit so was umgehn kann,
sie wird schon sehn, wohin das führt,
wenn dieser Gschropp erst größer wird!"
„Man muss was tun!", stellte man fest,
recht laut war nun schon der Protest,
und niemand merkte so, dass tief
das Kind inzwischen selig schlief!

Die heute so beliebten TV-Talkshows leben von einem eloquenten Moderator und oft völlig bunt zusammengewürfelten Gästen. Wenn diese aber dann nicht rechtzeitig eintreffen gibt es natürlich …

STRESS IM STUDIO

Die Moderatorin der Sendung *Karin fragt nach* war leicht nervös. Gleich sollte ihre Show beginnen, aber die drei Studiogäste waren immer noch nicht eingetroffen, und so hatte sie keine Gelegenheit mehr gehabt, diese noch vor dem Interview persönlich kennen zu lernen.

Die Signation lief bereits, als ihr der Regieassistent endlich einen Mann ins Studio setzte, wahrscheinlich den Touristen, der in Kolumbien die Berührung mit einem normalerweise absolut todbringenden Pfeilgiftfrosch überlebt hatte. Und schon begrüßte Karin das Publikum:

„Willkommen zu einer spannenden Stunde mit Menschen, von denen man spricht oder sprechen wird, wenn man diese Sendung gesehen hat. Unser erster Gast hat unwahrscheinliches Glück, dass er heute überhaupt neben mir sitzen kann! Wie fühlen Sie sich?"

„Danke! Es war wirklich knapp! Ich bin eine Stunde im Stau gestanden!"

„In Kolumbien?"

„Nein, hier in Wien! In Kolumbien war ich noch nie!"

„Auch nicht ein ganz kleines bisschen, gerade so lang, um sich von einem Pfeilgiftfrosch vergiften zu lassen?"

„Ich bin der Briefträger, der Geburtshelfer spielen musste!"

Karin dämmerte, dass sie den falschen Studiogast vor sich hatte, aber zum Glück nahm in diesem Moment auch eine junge Dame auf der Sitzgarnitur Platz. Ob sie der erwartete Schlagerstar Petra Hallweger war?

„Und hier ist auch schon unser nächster Gast. Jeder kennt diese Frau, aber wir wollen jetzt noch ein bisschen mehr über sie erfahren. Sie sind gerade sehr erfolgreich?"

„Na ja, das kann man eigentlich nicht so sagen …"

„Aber ihre neueste CD läuft doch bestimmt sehr gut!?"

„Ich hab leider keinen CD-Player mehr, weil ich ziemlich pleite bin!"

Der Moderatorin gefror das letzte, ohnehin schon sehr gekünstelte Lächeln, und so setzte die junge Frau fort:

„Sie haben mich doch als Betroffene bei diesem Internetbetrug eingeladen, damit ich erzähle, wie das war!"

„Da bin ich jetzt leider selbst sehr betroffen …", sagte Karin. „Aber begrüßen wir doch erst einmal unseren dritten Studiogast!"

In diesem Moment traf nämlich auch der letzte noch ausständige Interviewpartner ein und ließ sich in den Polstersessel fallen.

„Sie müssen jetzt der Mann sein, der schon 32-Mal geheiratet hat!", rief Karin beschwörend.

„Nein?"

„… der morgens immer zwei Stunden unter der Dusche steht?"

„Dafür hab ich keine Zeit."

„… der keine Scheu hat, sein Baby in aller Öffentlichkeit zu stillen!"

„Auch nicht! Mein Name ist Alex, ich präsentiere ab morgen

meine neue Talk-Show *Alex lädt ein* an diesem Sendeplatz, denn unser Programm entwickelt sich ja ständig weiter! Da plaudern wir unter anderem mit einer plötzlich arbeitslos gewordenen TV-Moderatorin. Sie hat von ihrer Absetzung vor laufender Kamera erfahren und wird uns erzählen, wie sie mit dieser niederschmetternden Nachricht fertig wird!"

Firmenevents sind für die verantwortlichen Personen immer eine aufreibende Sache. Da muss an so vieles gedacht werden: an die rechtzeitige Aussendung der Einladungen, an den Beamer, der beim letzten Mal nicht funktioniert hat, und natürlich ans …

WÜRSTELBÜFFET

Es war ein wichtiger Termin. Der Generaldirektor wollte eine neue Filiale eröffnen, und natürlich waren alle gekommen. Der komplette Vorstand, alle Abteilungschefs und als Ehrengast sogar der Minister. Der Direktor stand gerade am Rednerpult:

„Das vergangene Jahr war eine große Herausforderung, aber wir haben es gemeinsam geschafft, indem wir unsere Ziele nicht einen Moment lang aus den Augen verloren haben …"

Frau Niederhuber vom Marketing stand mit einer weißen Schürze unmittelbar neben dem Büffet, als das erste Würstel platzte. Sie hatte die Frankfurter, die Semmeln und das Bier eingekauft und mehrmals darauf hingewiesen, dass man die Würstel um 13 Uhr essen müsse. Und nun wollte der Generaldirektor nicht aufhören zu reden, und das Wasser in der großen Nirosta-Wanne hatte leider zu kochen begonnen.

„Diese Filiale ist unser gemeinsamer – Plopp – Erfolg. Denn so etwas gelingt nur, wenn – Plopp, Plopp – alle an einem Strang ziehen!"

Die Frankfurter machten beim Platzen ein ziemlich lautes Geräusch, das jeder hören konnte. Zuerst versuchte man es noch zu ignorieren.

„Lassen Sie mich kurz – Plopp – drei Gründe aufzählen – Plopp, Plopp, Plopp – warum wir den eingeschlagenen Weg – Plopp, Plopp …"

Alle, auch der Herr Minister, schauten zum Büffet, wo Frau Niederhuber ein verzweifeltes Gesicht machte. Doch der Generaldirektor sprach weiter. So oft hat man ja nicht die Gelegenheit vor einem Regierungsmitglied zu reden.

„Erstens – Plopp, Tschinn …"

Die Frankfurter zerplatzten nun bereits mit einer Gewalt, die den Deckel der Wanne hob. Das führte beim Redner nun doch zu Irritationen.

„Zweitens haben wir – Tschinn, Plopp – in unserer Frankfurter, wollte sagen Wiener Zentrale – Plopp – das größte Würstel – Plopp – unseren Herrn Minister, besser gesagt, einen großen Wunsch an unseren Herrn Minister …"

Es hatte keinen Sinn, diese Rede war nicht mehr zu retten. Der Minister gab noch schnell seinen Senf dazu, und dann stürmten die Abteilungschefs, denen das alles natürlich furchtbar peinlich war, zum Würstelbehälter, um wenigstens ein einziges unversehrtes Paar Frankfurter für den hohen Gast herauszufischen. Aber es waren alle zersprungen, das Ploppen hatte aufgehört.

Und wer war an allem schuld? Natürlich Frau Niederhuber! Sie hätte – keine Ahnung – alles anders machen sollen.

Um eine Versammlung ganz anderer Art geht's in der nächsten Szene. Da hat der Kleingärtnerverein im Schutzhaus *Zur Ribisl* gerade sein vierteljährliches Treffen abgehalten, und die Gespräche landen beim …

TRATSCH

Man plaudert über dies und das, doch als Herbert hinaus in den Gastgarten geht, um eine zu rauchen, konzentriert sich das Gespräch innerhalb kürzester Zeit auf ihn.

„Habt's ihr unlängst dem Herbert sei Grillparty mitkriegt? Da waren locker zwanzig Leut!"

„Sowieso! Bis zwölfe ham s' an Krawall g'macht, dass bei mir herüben die Gartenzwergln tanzt ham!"

„Und a paar junge Damen sollen a dag'wesen sein!"

„Eh klar! Dem Herbert sei Frau is grad auf Kur, und des muass er ausnutzen. Sonst hat er ja net viel zum lachen! Hahaha!"

Die ganze Gesellschaft biegt sich vor Vergnügen und verstummt blitzartig, als Herbert von seiner Zigarettenpause zurückkehrt.

Das Gespräch schwenkt in eine unverfängliche Richtung, doch alle denken instinktiv: Was werden die reden, wenn jetzt ich eine rauchen geh? Oder auch nur auf's Klo?

Keiner traut sich mehr hinaus, und so wird es langsam spät. Niemand will den Tisch verlassen, und wenn, dann möglichst kurz. Jeden quält der Gedanke, man könnte sich in seiner Abwesenheit über ihn den Mund zerreissen.

Bis endlich der Ober Alfred kommt, der im Schutzhaus *Zur Ribisl* dafür bekannt ist, sich kein Blatt vor den Mund zu nehmen.

„Ich höre, die Herrschaften wollen zahlen? Damit alle auf einmal heimgehen können?", fragt er, und alle atmen erleichtert auf.

Der Herr Alfred ist halt ein Menschenkenner, und seine Schrebergärtner kennt er natürlich besonders gut.

Ich muss Ihnen unbedingt noch von einer bislang wenig bekannten wissenschaftlichen Sensation erzählen. Es geht dabei um das sensible Thema …

DOPING

Man hat ja den Eindruck, dass viele Spitzensportarten überhaupt nur mit Doping zu betreiben sind: Radfahren zum Beispiel und Leichtathletik.

Dabei wurde mit den heute zur Verfügung stehenden Tests nur die Spitze des Eisbergs aufgedeckt. Mit Hilfe eines neuen Verfahrens wird es nun aber möglich, auch lange in der Vergangenheit zurückliegende Fälle zu klären. Zur Durchführung des neuen Augendopingtests, kurz ADT, genügt ein altes Siegerfoto, um festzustellen, ob der oder die Betreffende damals gedopt war, und sei es auch nur mit einem starken Kaffee. Damit müsste die ganze Sportgeschichte neu geschrieben werden.

Auch auf einem Maturafoto ist zum Beispiel nach 50 Jahren noch deutlich erkennbar, wer vor der Prüfung am Klo eine unerlaubte Zigarette geraucht hat. Den betreffenden Personen könnte das Maturazeugnis auch heute noch aberkannt werden, und selbstverständlich wäre ein nachfolgendes Studium ebenfalls illegal, so wie alle später daraus resultierenden Funktionen und Ämter.

Noch gravierender wären die Konsequenzen des neuen ADT-Verfahrens allerdings im privaten Bereich. Stichprobenartige Analysen von Hochzeitsfotos haben ergeben, dass viele Brautleute bei der Eheschließung noch polterabendbedingten Restalkohol im Blut hatten, sodass ihre Zurechnungsfähigkeit beim Ja-Wort bezweifelt werden darf. Solche Ehen wären also ungültig und daher alle aus ihnen hervorgegangenen Kinder unehelich.

Bevor Sie jetzt damit beginnen, ihre Jugendfotos zu vernichten, sollte allerdings festgehalten werden, dass der Augendopingtest bisher nicht als offizielles Beweismittel zugelassen wurde. Eine Freigabe ist in nächster Zukunft auch nicht zu erwarten, weil auch Politiker und -innen eine Menge zu verlieren hätten.

Es ist soweit, wir befinden uns bereits in der Zugabenabteilung. Von Mitte April bis in den Juni hinein ist Saison, und da findet man auf den Speisekarten der Restaurants die unterschiedlichsten …

SPARGELGERICHTE

Ein Gast, der gerade die Karte studiert: „Also, schau dir das an, was die da alles hab'n: Spargelsuppe, Spargel mit Sauce Hollandaise, Gegrillten Spargel mit Speck, Spargellasagne, Spargelquiche, Spargel im Schinkenmantel, Spargelpizza, Lachs mit Spargel, Spargelnudeln, Spargelauflauf, Spargelsalat, gebackene Spargelpäckchen, Spargelrisotto und Spargel mit Schinken und pochiertem Trüffelei!"

Darauf seine Frau mit sichtlicher Enttäuschung: „Aber Spargel mit Forelle ham die net!"

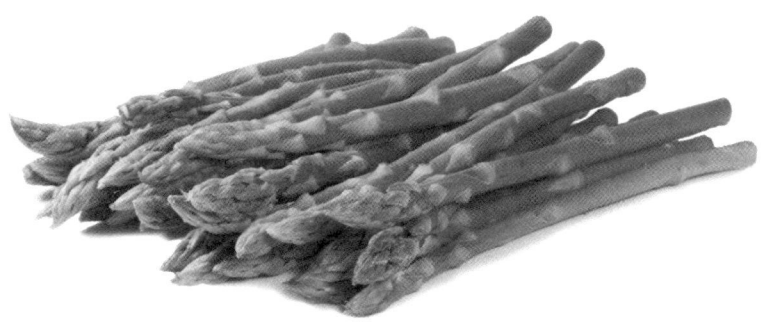

Wer eine Wohnung, keine anspruchsvollen Zimmerpflanzen und keine Haustiere hat, kann leicht auf Urlaub fahren. Er sperrt die Türe zu und ist eine Staubwolke. Hausbesitzer benötigen meistens schon ein bisserl …

NACHBARSCHAFTSHILFE

„Herr Nachbar? Könnten Sie uns an klanen Gefallen tun? Wir fahren jetzt zwa Wochen auf Urlaub. Täten S' uns a bisserl auf's Haus aufpassen? Nur, dass ma quasi beruhigt san. I lass Ihnen die Schlüssel da, wegen der Katz. Die is wirklich ganz unproblematisch. In der Früh kriegt's täglich ihr Doserl Futter und a Schalerl Wasser, und wenn's dann g'fressen hat, lassen Sie's einfach raus. In der Zwischenzeit können S'ja glei die Blumen gießen. Wir ham Ihnen a klane Listen g'schrieben, welche Pflanzen zum versorgen san. Beim Aquarium genügt's, wenn die Fisch einmal am Tag a Trockenfutter krieg'n, glei in der Früh oder am Abend, wenn S'die Katz wieder reinlassen. A bisserl komplizierter is der Garten mit'm Schwimmbecken. Da sollten S'immer schaun, dass der ph-Wert und der Chlorgehalt stimmt, sonst …"

„Entschuldigen S', Frau Nachbarin, aber wir fahr'n morg'n leider selber auf Urlaub!"

„Na, des hätten S' mir doch gleich sagen können!"

„Vorhin hab i's no net g'wusst!"

Zum Schluss bitte ich Sie noch, mich zu einem Marktstandl zu begleiten, an dem allerlei süße Bäckereien angeboten werden. Auch und vor allem …

SCHAUMROLLEN

„Was darf's sein?"

„A Schaumrollen, bitte!"

„Von die frischen oder die ganz frischen?"

„Wo is der Unterschied?"

„Im Preis. Die ganz frischen kosten um 30 Cent mehr."

„Und welche san die in der Folie?"

„Die frischen, aber die san praktisch genau so frisch wie die ganz frischen."

„Wie lang san denn die jetzt scho frisch?"

„Welche?"

„Die frischen!"

„Des spielt ka Rolle, weil's eh in der Folie san."

„Dann geb'n S' mir bitte a ganz frische!"

„Woll'n S' net glei zwa? Da krieg'ns a dritte gratis dazu."

„Drei Schaumrollen kann i aber net essen!"

„Wenn Sie s' in a Folie wickeln und in Kühlschrank tuan, dann halten's praktisch ewig. Des sehn S' ja an unsere frischen."

Diese Geschichte wird Ihnen besonders gefallen, wenn Sie …

SICH OFT GEDANKEN MACHEN:

DIE MEDIEN MÖGEN:

NUR SO STAUNEN, WAS ALLES PASSIERT:

KENNEN SIE SCHON MEINE ANDEREN BÜCHER?

Der Bestseller „Engel 1" – schon in der 8. Auflage!

Peter Meissner

Auch Engel lachen gerne!

64 heitere Weihnachtsgeschichten zum Vor- und Selberlesen

ISBN: 978-3-902447-17-3

**Erhältlich im Buchhandel oder direkt beim
Kral-Verlag (www.kral-verlag.at)**

Er hat bestimmt keinen leichten Job. Mehr oder weniger frierend steht er auf vorweihnachtlichen Plätzen in einem kleinen Wald herum, der bis zum 24. Dezember möglichst vollständig verkauft sein sollte. Gemeint ist der …

CHRISTBAUMVERKÄUFER

„Guten Abend der Herr, Sie wünschen?"

„An Christbam!"

„I hab gar nix anders wie Christbam! Was hätten S' Ihnen denn für an vorg'stellt?"

„An Bam für's Wohnzimmer!"

„Aha … und wie schaut's aus, Ihner Wohnzimmer, wenn i fragen darf …?"

„Es is so ungefähr … Ham S' leicht kan Bam für's Wohnzimmer?"

„Natürlich! Sie können praktisch jeden Christbam für's Wohnzimmer nehmen!"

„Jeden net! Der dort drüben is ma zum Beispiel z'groß, wenn i'n auf's Klavier stellen will!"

„Müssen S' eahm denn unbedingt auf's Klavier stellen?"

„Sagen S' mir, wo i'n sonst hintuan soll!"

„Na, was waß denn i?"

„Schaun S' her: Da is des Klavier, da steht die Vitrine mit'm Bleikristallservice und da is der Fernseher!"

„Und wo is er vorig's Jahr g'standen?"

„Der Fernseher?"

„Der Bam!"

„Na eh auf'm Klavier! Er steht schon seit 25 Jahr auf'm Klavier!"

„Da muß er ja jetzt schon ziemlich groß sein!"

„Machen S' kane Witz, sondern tun S' mi lieber beraten! Was ham S' denn überhaupt für Bam?"

„Dänische Tannen und polnische Blaufichten!"

„Und welcher halt' die Nadeln am längsten?"

„Der südafrikanische Wacholder, aber der is aus!"

„Sie! Pflanzen können S' da drüben die dänischen Blau-fichten!"

„Die san aus Polen!"

„I sag Ihnen was: A ausländischer Christbam kummt für mi ja überhaupt net in Frage! Soll i des 'Stille Nacht' vielleicht auf polnisch singen?"

„Dem Bam is des wurscht, was Sie singen!"

„Sagen S', ham Sie net diese neichen Plastikbam? Wissen S' eh, was ma z'sammlegen kann, mit die integrierten Kerzen? Die ham angeblich sogar Lautsprecher einbaut und spiel'n die Weihnachtslieder ganz von selber!"

„Die gibt's nur beim Eduscho!"

„Danke und auf Wiederschaun!"

„Wo rennen S' denn hin? ... Na, wenn er draufkommt, dass die fernöstlichen PVC-Fichten des 'Stille Nacht' auf koreanisch spiel'n, wird er schon wieder kommen!"

Der Bestseller „Engel 2" – schon in der 6. Auflage!

ISBN: 978-3-902447-66-1

Erhältlich im Buchhandel oder direkt beim Kral-Verlag (www.kral-verlag.at)

Es ist manchmal wirklich rührend, wenn Männer ihren Frauen etwas Schönes schenken wollen. Mehr als irgendwelche einfallslosen …

GUTSCHEINMÜNZEN

„Guten Tag! Ich suche ein Weihnachtsgeschenk für meine Frau!"

„Gutscheinmünzen?"

„Sicher nicht! Das ist doch völlig unpersönlich!"

„Sie haben halt den Vorteil, dass sich Ihre Frau dann ihr Geschenk in aller Ruhe selbst aussuchen kann!"

„Tut mir leid, ich finde es furchtbar, wenn sich ein Mann nicht die Mühe macht, selbst etwas Passendes zu finden!"

„Na gut, woran hätten Sie dann gedacht?"

„Was gibt's denn für Möglichkeiten?"

„Wir führen Dessous, Nachthemden, Mieder, Strümpfe …"

„Ein Nachthemd ist gut! Haben Sie auch so schön bestickte Dinger aus Seide?"

„Natürlich! Was hat denn Ihre Frau für eine Größe?"

„Tja, vielleicht ein Meter fünfundsechzig!"

„Mich würde eher die Kleidergröße interessieren …"

„Ach so, ja, keine Ahnung. Meine Frau hat ungefähr dieselbe Figur wie Sie. Nur anders. Ich glaube, sie hat einmal etwas von 75 gesagt …"

„Das kann aber nur die BH-Größe sein!"

„Dann nehme ich halt einen BH!"

„In diesem Fall müsste ich noch die Körbchengröße wissen!"

„Körbchen?"

„Die gibt man mit Buchstaben an!"

„Was sagen Sie zu K?"

„K ist unmöglich! Da wäre Ihre Frau ein biologisches Wunder!"

„Das ist sie auch! Deshalb möchte ich ihr ja was Schönes schenken!"

„Wie wär's mit einem tollen Negligé? Da ist die Größe nicht so problematisch!"

„Eine wunderbare Idee! Wie schaut denn so was aus?"

„Schau'n Sie, dieses Modell in der Auslage gibt's in einem bezaubernden Weiß, einem verführerischen Rosa und einem verträumten Blau!"

„Das ist aber schwer zu entscheiden!"

„Was hat denn Ihre Frau für eine Haarfarbe?"

„Ja, also, die Haare sind blond, das heißt, sie spielen auch manchmal ins Dunkelbrünette ..."

„Und die Augen? Was ist sie für ein Typ?"

„Ihre Augenfarbe ist ... Hören Sie zu: Sie geben mir jetzt eine Schachtel Gutscheinmünzen, und wir reden nicht mehr darüber!"

Der Bestseller „Engel 3" – schon in der 4. Auflage!

Peter Meissner

Auch Engel lachen gerne wieder!

Neue heitere **Weihnachtsgeschichten** zum Vor- und Selberlesen

ISBN: 978-3-902447-66-1

Erhältlich im Buchhandel oder direkt beim Kral-Verlag (www.kral-verlag.at)

Kinder haben die Eigenschaft, auch die selbstverständlichsten Dinge des Lebens zu hinterfragen. So lange, bis man als Erwachsener erkennen muss, dass diese gar nicht so selbstverständlich sind. Betrachten wir zum Beispiel einige …

FRAGEN ZUM CHRISTKIND

„Papa, wie war das jetzt? Der Jesus ist also am 24. Dezember geboren worden …"

„So ganz genau weiß man das heute nicht mehr, aber am Heiligen Abend feiern wir jedenfalls seinen Geburtstag!"

Das Kind überlegte, und der Vater dachte: ‚Schön, dass die Kleinen das Weihnachtsfest noch so naiv und unbefangen erleben.'

„Aber Papa, wenn das Christkind gerade erst geboren worden ist, wie kann es dann schon die Geschenke bringen?"

„Weil es eben alles kann!"

„Und wer ist dann das Christkind, das man überall im Fernsehen, auf den Plakaten und in den Kinderbüchern sieht? Mit dem weißen Kleid und den langen blonden Haaren?"

„Na ja, das ist halt das Christkind, wie es schon ein bisserl älter war!"

„Aber der Jesus war ja ein Bub! Der hat doch in dem Alter bestimmt nicht ausgeschaut wie ein Mädchen!"

„Sondern wie?"

„Na so wie kleine Buben eben sind! Die haben aufgeschlagene Knie vom Radfahren, schwarze Fingernägel. Und Flügel wären ihnen sicher urpeinlich!"

„Die Flügel haben sich die Menschen wahrscheinlich auch nur

ausgedacht, weil das Christkind im Himmel wohnt!"

„Damit kommen wir auch schon zum nächsten Problem …"

„Du solltest jetzt schlafen gehen!", sagte der Vater.

„Wo im Himmel sollte denn das sein? Da sind jetzt schon so viele Astronauten herumgeflogen, und keiner hat erzählt, dass er das Christkind gesehen hätte oder auch nur einen einzigen Engel!"

„Kind …! Für Menschen sind die himmlischen Wesen eben unsichtbar!"

„Und wie macht es das Christkind dann, wenn es für die Kinder die Geschenke besorgt? Geht es da in die Geschäfte und sagt: Grüß Gott, Sie können mich zwar nicht sehen und ich hab auch kein Geld, aber legen Sie die Sachen für die Kinder einfach da auf den Ladentisch …?"

„Das ist halt wie vieles andere auch ein Geheimnis!"

„Papa, weißt du, das finde ich so lieb an euch Erwachsenen, dass ihr Weihnachten so naiv und unbefangen erleben könnt!"

ISBN: 978-3-990246-91-7

Erhältlich im Buchhandel oder direkt beim Kral-Verlag (www.kral-verlag.at)

Vorwort

„Schön sprechen!" haben ganze Generationen von Eltern, Onkeln und Tanten zu ihren Kindern gesagt. Und was ist passiert? Jetzt reden viele junge Leute wirklich nach der Schrift, oder sagen wir lieber, sie haben gar keine Ahnung mehr, was Worte wie *Schlampadatsch* oder *Grantscherm* bedeuten.

Wahrscheinlich kommt das ja auch daher, dass die Niederösterreicher und -innen ab den 60er-Jahren mit dem Fernsehen groß geworden sind, wo sie sich vor allem das Deutsch der Synchronsprecher angeeignet haben.

Wie auch immer, jetzt haben wir das *Gwirx*. Noch eine Generation ohne *Murkerln* und *Bramburi*, und das ganze Vokabular unserer Vorfahren ist endgültig vergessen.

Zum Glück sind in letzter Zeit wenigstens viele kluge Bücher herausgekommen, in denen man nachschlagen kann, was dieses oder jenes Dialektwort bedeutet und woher es kommt. Aber was, wenn sie niemand mehr praktisch anwenden kann?

Dieses Büchlein macht Vorschläge, welchen Mundartausdruck man anstelle eines hochdeutschen Wortes verwenden könnte (was sonstwo kaum zu finden ist) und demonstriert in Sätzen wie *Zlängst der Plaunkn wochst da Ziguri*, welche Poesie unser Dialekt entwickeln kann.

Außerdem erlebt man den deutschen Urlauber Kai-Uwe, die Hauptfigur der Radiopreisgekrönten ORF NÖ - Serie *Niederösterreichisch für Fortgeschrittene*, wie er sich im Alltag mit dem heimischen Dialekt auseinandersetzt. Das ist heiter und lehrreich zugleich – für *Zuagraste* wie für *Hiesige*.

„Von die Solotpletschn is des Mehrere g'fäut!"

Von den Salatblättern ist das meiste faul!
• *Pletschen* sind in diesem Fall die Blätter. Man kann damit aber auch große Flecken bezeichnen und unter anderem sogar das unsachgemäße Aufsetzen der Kugel beim Kegelscheiben.

Kai-Uwe blickt von seiner Zeitung auf und sieht, wie der Nachbar durch den Garten geht. Bei einer Staude bleibt er stehen und ruft: **„Die Ogrosln san scho zeidi und ghern obrockt!"**

Die Stachelbeeren sind schon reif und gehören gepflückt!
• Manche essen Stachelbeeren einfach so, die meisten verwenden sie aber als Kompott, belegen damit einen Kuchen oder stellen daraus Marmelade her.
Obrocken ist über das Althochdeutsche mit dem Wort *abbrechen* verwandt.

Die Nachbarin würdigt diesen Satz keiner Antwort, stattdessen sagt sie: „Wennst scho was tuan wüst: **Giaß ma mit'm Aumpa die Bauscharln!"**

Gieße mir mit der Kanne die Grünen Bohnen!
• In diesem Fall handelt es sich um einen *Gießamper*. Gebräuchlich ist aber auch der *Mülliaumper*, also der *Milchamper*, eine Kanne aus Blech mit beweglichen Henkeln. Die korrekte hochdeutsche Übersetzung der *Bauscharln* wäre *Bohnenschoten*. In Österreich nennt man sie meistens *Fisolen*.

… UND DA WÄRE NOCH DIE LIVE-CD MIT
VIELEN LIEDERN UND TEXTEN:

ISBN: 978-3-99024-694-8

Neuigkeiten, Auftrittstermine und Kontakt-
möglichkeit gibt's auf meiner Internetseite:

www.petermeissner.at

IMPRESSUM
Texte und Bilder: Peter Meissner
Verleger und Herausgeber:
Kral-Verlag – Kral GmbH (Inh. Robert Ivancich)
Kennedyplatz 2, A-2560 Berndorf
Tel.: 0660- 435 76 04, Email: buch@kral-berndorf.at
www.kral-verlag.at

1. Auflage / Erschienen 2018

ISBN: 978-3-99024-778-5